小論文これだけ!

経済 深掘り編

樋口裕一
大原理志／山口雅敏

東洋経済新報社

はじめに——経済・経営系の専門知識をもっと広く深く身につける

　高校までの勉強をしただけでは、経済学部や経営学部がどんな学部で、何を勉強するところなのか、なかなか想像するのは難しいかもしれない。

　文学部や教育学部、医学部でどんなことを学ぶのかについては、高校生でもおよその想像はつくだろう。しかし、経済学部や経営学部に入っていったい何を学ぶのか、経済や経営とはそもそも何なのか、経済学部と経営学部は何がどう違うのかについては、ピンとこない人も多いだろう。

　経済学部や経営学部の小論文試験を見ても、どんな傾向があるのか、多くの高校生は分析することができない。どんなことを書けば高得点がとれるのかもわからない。経済や経営についての知識もないので、新聞を読んで知識を身につけようと思っても、どこに注意して読めばいいかもわからない。

　そうした受験生のために、経済学部・経営学部はどんな学部で何を学ぶところなのか、どんな小論文問題が出題され、どんな知識が必要になるのか、それらをまとめたのが本書である。

これまで『小論文これだけ！』のシリーズでは、『小論文これだけ！超基礎編』『小論文これだけ！法・政治・経済編』で経済系のテーマについて取り上げてきた。

今回は、小論文指導ゼミナール「白藍塾」の講師である大原理志と山口雅敏両氏にも参加してもらい、経済学部や経営学部で出題されるテーマについて、さらに広範囲に取り上げながら、より詳しく解説した。

これらの学部で出題されるテーマのほとんどは、この1冊で網羅されているだろう。直接的に本書で取り上げたテーマが扱われていない場合でも、本書で書かれている内容を利用すれば、ほとんどの小論文問題に対応できるはずだ。

ただし、小論文の基本的な書き方や、本書では扱わなかった経済系の基礎的な内容については、『小論文これだけ！超基礎編』『小論文これだけ！法・政治・経済編』の2冊で詳しく説明している。書き方に絞って初心者向けに懇切丁寧にわかりやすく解説した『小論文これだけ！書き方超基礎編』もある。ぜひそちらもあわせてお読みいただきたい。

シリーズで繰り返し読むことで、多くの人が経済学部・経営学部の合格を勝ち取ることを願っている。

樋口裕一

第1部

「書き方」編 007

経済系の小論文ならではのポイント

第2部

「書くネタ」編
経済系に出るネタをもっと身につける

特別付録

これだけは押さえておきたい経済系小論文の基本用語集

装丁　テンフォーティ／豊島昭市
ＤＴＰ　アイランドコレクション

第１部

「書き方」編

経済系の小論文
ならではのポイント

1 経済学部と経営学部、商学部は何がどう違う？

全国の大学には、経済学部や経営学部、そして商学部がある。経済学部の中に経営学科がある大学も少なくない。

「いったい経済学と経営学と商学部はどこが違うんだろう」

そう思っている人が多いのではないだろうか。どちらの学部を受験すべきか迷っている人も少なくないかもしれない。

まず、経済学と経営学の違いから説明しよう。

一般的にいって、経済学は経済の仕組みに関する理論を研究する学問だといえる。

経済学には、マクロ経済学とミクロ経済学がある。

マクロとは「巨視的」という意味で、マクロ経済学は、経済のあり方を巨視的に見る学問だ。社会でお金はどのように動くのか、政府がどんな対策をとると経済状況はどう変化するか、産業構造の変化は経済にどんな変化をもたらすのか、そういったことを扱う学問だ。

一方、ミクロとは「微視的」という意味で、ミクロ経済学は、個人の経済活動が社会全体にどう波及するかを研究する学問だ。

このマクロ経済学とミクロ経済学が両輪となって、経済学をなしている。

いずれにしても、人間がどのように経済を動かしているのかを理論的に解明し、これからの経済動向などを予測することが学問の中心になる。そのために、数学的な方法を使うことも多いので、数学の力が経済学部には求められる。

それに対して、経営学は、ビジネスの世界では企業や組織をどう運営するか、どんなマーケティングをするべきなのか、どんな会計行為をする必要があるのかを研究する学問だ。経済学が理論を学ぶのに対して、経営学はビジネスマンとしての実務を学ぶ傾向が強い。

一方、商学部は、基本的に経営学部と同じと考えていい。

したがって、大まかにいうと、政治家や銀行員、公務員などになって社会や経済を左右するような仕事につきたい人は、経済学部に行くのが好ましいだろう。

それに対して、ビジネスマンとしての実務を学びたい人、社長や幹部として企業を運営し、経済的な成功を求めようとする人は、経営学部や商学部に行くのが好ましいといえる。

いずれにしても、大学案内などをしっかり読んで、自分のめざす学部でどんな仕事が可能なのか、そこの卒業生がどんな仕事についているのかを調べる必要がある。

なお、いずれの学部も、大学で学ぶことが資格に結びつくことが多い。

これらの学部で学んだことが、公認会計士、税理士をはじめとして、簿記、ファイナンシャルプランナー、証券アナリスト、宅地建物取引主任者、中小企業診断士、不動産鑑定士、行政書士、社会保険労務士などの資格をとるために役に立つ。

つまり、多くの資格をとるのに適したのがこれらの学部だということもできる。

2 経済学部と経営学部、商学部で小論文試験に違いはある？

では、小論文試験は、経済学部と経営学部、商学部で、どう違ってくるのだろうか。

じつをいうと、それほどの差がない。

先ほど説明したとおり、経済学部と経営学部、商学部で学ぶ内容はかなり異なる。しかし、それは大学入学後に学ぶことであって、高校段階でそれらの知識がある人は少ない。

そもそも大学側も、高校生にそのような知識があることを求めていない。そのため、経済学部も経営学部も商学部も、同じような問題を出す。

もちろん、経済学部ではほかの学部に比べて、国全体や海外の状況、政策決定、日本社会の抱える経済問題が出される傾向が強いという側面はある。しかし、そのような傾向が少し強いだけで、全体としてほぼ同じような問題が出ると思って間違いない。

大学入試で小論文試験を受けるのであれば、経済学部も経営学部も、それほど意識する必要はないだろう。

3 経済学部と経営学部が求める人物像

では、経済学部と経営学部、商学部は、どんな人に入学してほしいと考えているのだろうか。小論文試験で、どんな資質を見ようとしているのだろうか。

大まかにいうと、次のような資質をもつ人が求められている。

①社会に関心のある人

経済学部と経営学部、商学部が最も求めているのは、社会に関心のある若者だ。

もっと簡単にいってしまうと、新聞を読んだり、テレビニュースを見たりして、自分なりの意見をもっている人である。

いくら勉強ができて頭がよくても、社会について関心の薄い人であれば、これらの学部に入ってから、まったく勉強についていけないだろう。

自分が社会の一員であることをしっかりと認識し、国内外の出来事が自分の日常と関わりがあることに気づき、社会がどう変化するのかを常に注意して見ているような人を、これらの学部は入学させたいと思っている。

だから、小論文試験でも、社会問題に関することが多く出題される。

言い換えれば、これらの学部を受験するからには、普段から新聞を読んだり、テレビニュースや報道番組などを見たりして、社会の動きに敏感でなければならない。

②経済動向に関心がある人

これらの学部では、経済動向に関心のある人が求められる。

商店街を歩くとき、いつも友達とのおしゃべりばかりに夢中になっている人、早く目的地に着くことしか考えていない人、ほしいものを買うことしか考えていないような人は、これらの学部には向いていない。

「最近、商店街に人が増えているようだけど、これはもしかしたらヨーロッパで起こったことが影響しているのだろうか」

「景気がよくないといわれているけど、政府は何かしているのだろうか」

そのように考える人は、経済学部に向いている。

「なぜ、このお店には、こんなに客がいるんだろう」

「どうすれば、もっと売れるようになるんだろう」

「この商店街が少し寂れているのは、売り出しの仕方に問題があるのではないか」

このように考える人は、経営学部や商学部に向いている。

実際のところ、ここに書いたようなことを無意識のうちに考えている人も多いはずだ。

そうした人はこれらの学部に向いているといえる。

しかし、時には、このようなことにまったく関心がない人もいる。

そうした人は、合格レベルの小論文を書くのに苦労するだろう。入学後も、勉強内容に関心をもてずに、遊んでしまうかもしれない。

③妥当な判断のできる人

社会や経済動向に関心があるだけではなく、社会問題について妥当な判断ができる人を、これらの学部は求めている。

芸術学部や文学部であれば、妥当であるよりも、個性的で面白い人が求められる傾向が強い。将来、芸術家や作家になるような人、文学好きの一風変わった人も、芸術学部などでは大歓迎だ。

そうした学部では、根拠のない信念をもっていても問題にはならない。多少非常識なことを書いても許されるところがある。

ところが、経済学部や経営学部、商学部はそんなことはない。ひとりよがりの偏った考え方の人や、他人の意見に耳を傾けないような人は、これらの学部では求められていない。よって、小論文にひとりよがりなことを書く人は、これらの学部では高い評価は得られない。多少平凡であっても、妥当な意見を書くほうが評価は高くなる。

たとえ結論は突飛《とっぴ》に思われるにしても、それを他人にきちんと説明でき、聞いた人を納得させられる人が望ましいといえる。

④事務処理能力が速い人

テキパキと物事を片づけられる事務処理能力も、これらの学部で求められる資質だ。ひとつのことにこだわって先に進まないタイプの人や、難問にぶつかるとパニックになってしまうような人は、これらの学部には向いていない。

たくさんの仕事を与えられたとしても、一つひとつきちんと終わらせ、時間内に仕上げられる人、たとえ時間内に終わらなくても、自分なりに最後まで努力する人が望ましい。

大学で学んで将来、社会に出るとき、そうした事務処理能力が何よりも求められる。経済動向を分析するのに、理系の研究のように数十年もかけていられない。ビジネス上の決断をするのに、ぐずぐずしてはいられない。

そのような将来の仕事に適した人を、これらの学部は入学させたいと思っている。

4 経済系の小論文の出題傾向

以上の特徴を踏まえると、経済系の小論文では次のような問題が出題されることが多い。

①社会問題

最も多いのは、社会問題についての意見を問うものだ。

経済に関わる問題であることが多いが、経済問題が直接的に問われるとは限らない。現代日本が抱えている政治問題、教育問題なども問われる。少子高齢化、情報化、エネルギー問題などが問われることもある。

しかし、これらの問題にも経済問題が絡んでいることはいうまでもない。少子高齢化の問題にしても、これからの財政をどうするか、福祉予算をどうするか、高齢者の消費はどうなるかといった経済問題と間違いなく絡んでくる。

これらの問題を出すことによって、社会に関心があるかどうか、社会的な知識があるかどうかを見ようとしているわけだ。

多くの場合、課題文があるので、それを読むことで基礎知識は得られるが、出題された問題について事前に知識があるかどうかによって、理解度に大きな差が出る。

②多設問問題

多設問の小論文問題が多いのも、これらの学部の特徴だ。

文学部などのように、課題文が出されて、「この文章のテーマについてのあなたの意見を書きなさい」というタイプの小論文問題はむしろ少数派だ。

最低でも2つの設問があって、問1で課題文中の下線部の説明や文章全体の要約が求められ、問2でそれについての意見が求められることが多い。設問が4つも5つもあって、いくつもの事柄について書くことが求められることも少なくない。

つまり、これらの学部では、小論文問題以外の、要約問題、説明問題などと組み合わせて出題されることが多いといえる。

それらの問題を通して、大学側は時間内にきちんと処理する能力があるかどうかを見ているのだ。手際よく、テキパキとこなすことが求められる。

書き方

時には、すべての問題を正確に解くには時間が不足するような過酷な問題が出されることもある。

そのような場合、必ずしもすべてを解くことが求められているわけではない。パニックにならないで、きちんと理性的に問題に取り組めるかどうかを見られているのだ。

③数学の素養が必要な問題

とりわけ経済学部の場合、数学の素養の必要な小論文問題が出題されることがある。

いくつかの国立大学では、「数学問題に文章がついた」というような問題が出されることもある。また、数学問題とまではいかないけれど、数的処理を含む問題を出題する大学もある。いずれも、数字に強く、論理的に物事を処理する能力を見ようとするものだ。

これらは小論文というよりも数学の問題なので本書では解説しないが、そのような問題が出ることもあるので、過去問を当たって志望校の傾向を調べておく必要があるだろう。

④グラフや表がある問題

グラフや表の読み取り問題が多いのも、経済系の小論文の特徴のひとつだ。

経済学部や経営学部に入ると、さまざまなデータを読み取る必要がある。

大学を卒業して社会に出ると、もっと多くのデータに囲まれるだろう。データを見て分析したり、自分でデータをつくってプレゼンテーションをしたりといったことが日常的に起こる。

だから、グラフや表の読み取りは、これらの学部に入るには必須の能力だ。逆にいえば、これらを読み取れない人は、これらの学部に向いていないといえる。

なお、グラフや表を読み取るためには論理的に考える力が必要だが、それ以上に知識が必要になる。

知識を駆使して、「この表から、このようなことが読み取れるのではないか」という仮説を立て、それを確かめるようにしてこそ、グラフを読み取ることができる。それゆえ、資料を読めるようにするためにも、知識をしっかりと身につける必要がある。

グラフ・表の読み取り方のコツについては、次にまとめておくので参考にしてほしい。

書き方

グラフや表を読み取るコツ

経済学部、経営学部、商学部の小論文入試問題には、グラフや表などの資料の読み取り問題がしばしば出題される。これも読み取れないと、ほとんど点をとれないことになる。

以下の要領で、読み取ることを考える必要がある。

❶ まず大まかなところから見る

まずは、細かいところを後回しにして、大きな傾向を見るのがコツだ。

「だんだんと減っている」「一部だけが極端に少ない」といったことが読み取れないかを考える。その次に、だんだんと小さな数字の変化などに目をやってみる。

小さなところに気をとられて全体が見えなくなっている場合があるので、注意が必要だ。

❷ 理由を考える

グラフから何かの変化が読み取れたら、その理由を考えてみる。

「高齢化が進んだから、これが起こっている」というように考えるわけだ。

そうすることによって、資料の意味がわかってくる。大きな変化には必ず理由がある。その理由がわからなければ、資料は読み取れない。

❸ 仮説を立てる

資料を読むときは仮説を立てて、それが確かめられるかどうかを検証するつもりで取り組む。「高齢化が進むと、こんなことが起こるのではないか」というような意識でグラフを見るわけだ。

仮説どおりのときには、それが確かめられたことになる。仮説どおりでないときには、別の仮説を考えてみる。

それを繰り返すうちに、資料が読み取れる。

言い換えれば、ある程度の知識がないと仮説を立てることができず、資料を読むことができない。普段から知識をつけておく必要がある。

5 基本的な小論文の書き方

小論文の具体的な書き方については、本書の姉妹編である『小論文これだけ！』『小論文これだけ！超基礎編』『小論文これだけ！書き方超基礎編』『小論文これだけ！法・政治・経済編』にくわしく書いてあるので、ぜひそちらを見てほしい。

ひとつだけ改めて確認しておくと、常にレベルの高い小論文を書くためには、「型」を守ることが重要になる。

小論文とは論理的に書くものだ。すなわち、「論理の手順」に従って書くものである。そのためには「型」を守ることが重要で、次のような「型」を守って書けば、自動的に論理的な文章になる。

課題によっては「型」どおりに書きにくいこともあるが、「型」を守ることが論理的に書くことの基礎になるので、まずは「型」どおりに書けるようにしっかりとマスターしてほしい。

第一部　問題提起

設問の問題点を整理して、これから述べる内容に主題を導いていく部分。全体の10パーセント前後が目安だ。

「○○について」というような課題の場合、ここで「○○をもっと進めるべきか」などのイエス・ノーを尋ねる問題に転換する。

課題文がついている場合には、ここで課題文の主張を説明して、「課題文には……と主張されているが、それは正しいか」という形にすればいい。

第二部　意見提示

ここで、イエス・ノーのどちらの立場をとるかをはっきりさせ、事柄の状況を正しく把握する。全体の30～40パーセント前後が普通だ。

ここは、「確かに、……。しかし、……」という書き出しで始めると書きやすい。たとえば、課題文にノーで答える場合、「確かに、課題文の言い分もわかる。たとえば、こんなことがある。しかし、私は、それには反対だ」というパターンにする。

そうすることで、視野の広さをアピールすると同時に、字数稼ぎをすることができる。

第三部　展開

ここが小論文の最も大事な部分だ。

第二部（意見提示）で書いた自分の意見の根拠を主として示すところで、なぜそのような判断をするのかを書く。全体の40～50パーセントほどを占める。

本書の第2部「書くネタ」編をよく読めば、ここに書く内容が見つかるはずだ。

第四部　結論

もう一度全体を整理し、イエスかノーかをはっきり述べる部分。全体の10パーセント以下にする。

努力目標や、余韻をもたせるような締めの文などは不要で、イエスかノーか、もう一度的確にまとめるだけでいい。

これが樋口式・四部構成

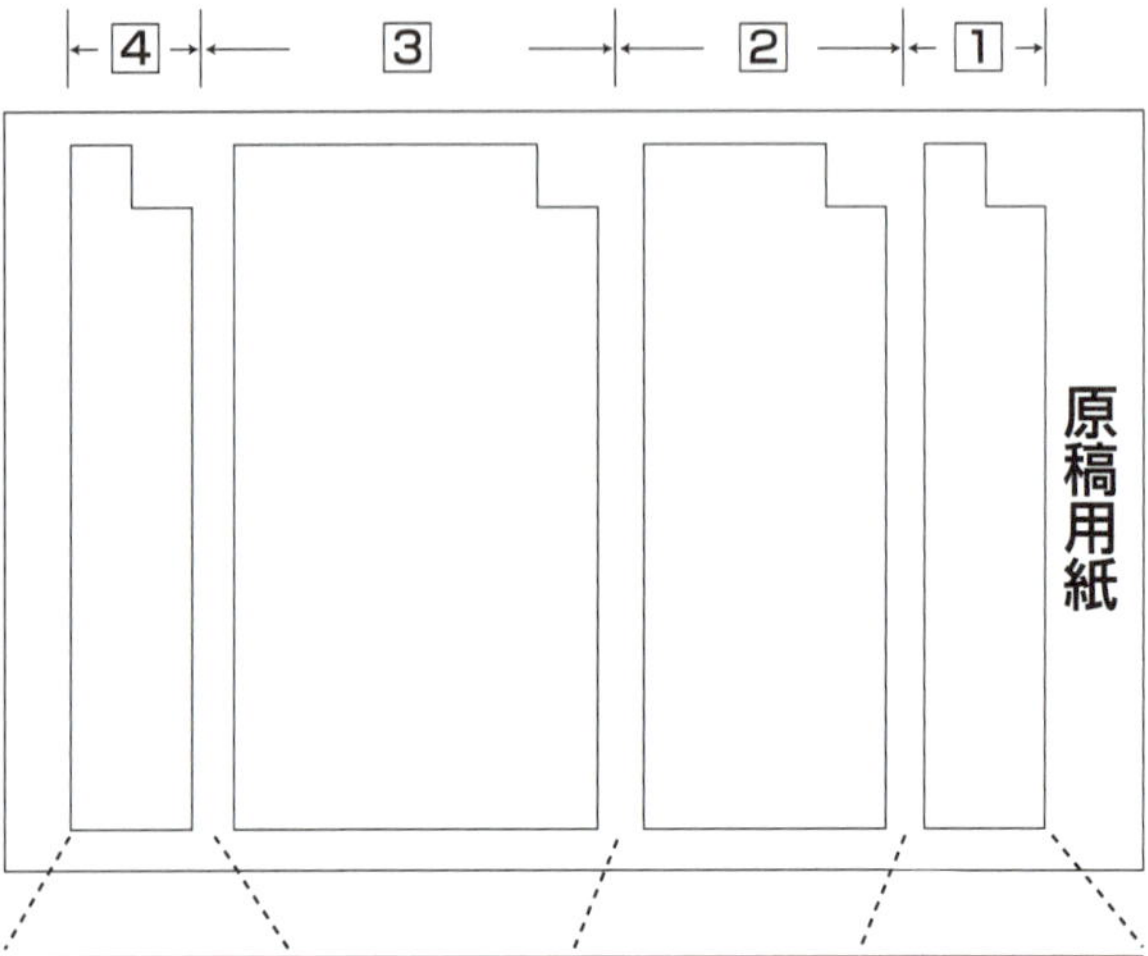

基本形・書き出し例

問題提起 10%前後	意見提示 30〜40%	展開 40〜50%	結論 10%以下
「……だろうか。」	「確かに、……。 しかし、……。」	「なぜなら、……。」 「その背景には……。」 「そもそも○○とは、……。」	「以上より、……。」 「したがって、……。」

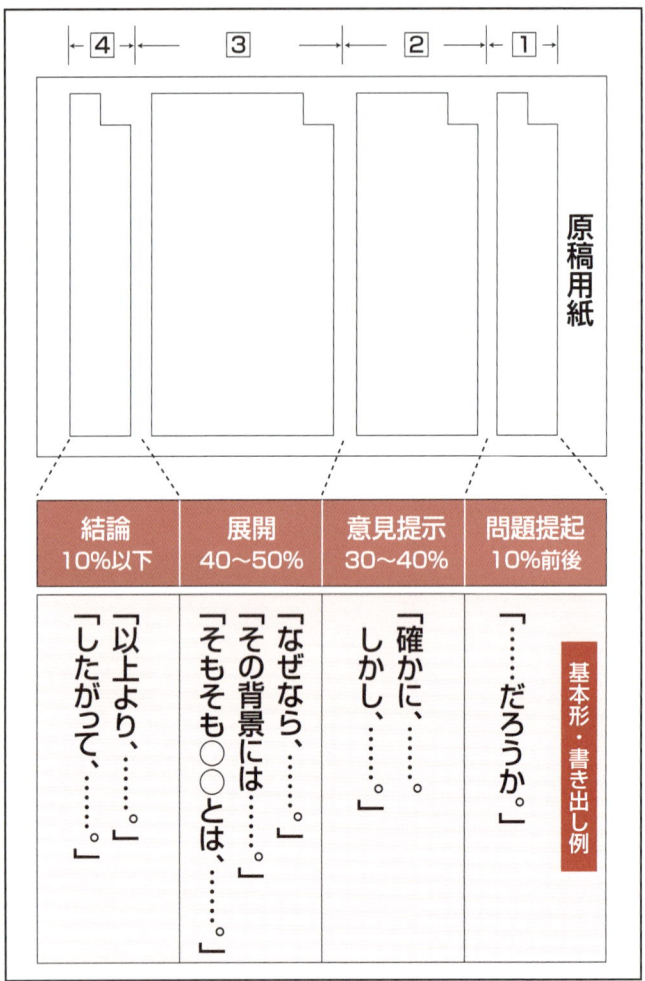

6 経済系小論文、6つの「べからず集」

「書き方」編の最後に、経済学部、経営学部、商学部の小論文試験で書いてはいけない「べからず集」をまとめておく。これらのことを書きたくなったら、しっかりと自分に歯止めをかけてほしい。

✖べからず集①――過激なことを書いてはならない

先ほども述べたとおり、これらの学部は「妥当な意見」を求めている。「過激な意見」をもっている人を求めているわけではない。

「外国人を追い出すべきだ」「大東亜戦争は正しかった」などという過激な右翼的意見は最も合格から遠いところにある。また、現在では、「人民革命を起こすべきだ」「資本家から財産を没収すべきだ」というような過激な左翼的意見も同じように評価を得られない。

もちろん、それらの思想にもそれなりの正しい面はあるかもしれないが、現代社会では妥当な意見と見なされていない。とりわけ、経営学部や商学部は、基本的に現在の資本主義社会を受け入れる立場にあることを忘れてはいけない。

そのようなことを書いて、それらの学部に向いていないことをわざわざアピールするべきではない。

✖べからず集②——民主主義や人権を否定してはならない

社会問題についての意見が問われた場合、現在の民主主義の制度に限界があること、あるいは、もっと別の形の民主主義があることについては書いても構わない。

だが、民主主義そのものを小論文で否定するのは危険だ。

さまざまな欠陥があるにせよ、民主主義の考え方そのものは決して間違いではないというのが、現在の学者たちの一致した意見だ。少なくとも、小論文試験を出題・採点する大学教授のほとんどがそのように考えている。

経済系の学部は、民主主義そのものを否定するような人間を求めていない。そのようなことを書くと、過激と見なされてしまう。

社会の一員として経済活動を続けながら、少しずつ社会をよりよくしていくような人間を、これらの学部は求めていることを忘れてはならない。

❌べからず集③——「金儲けがすべて」という考えを強調してはならない

経済系の学部、とりわけ経営学部、商学部はビジネスに関わる学部と考えていい。ズバリいってしまえば、要するに「金儲け」について勉強することになる。

しかし、だからといって、小論文で「お金さえ儲ければ、何をしてもいい」「金が何よりも大事」「法律違反すれすれのことをして、お金儲けをすべきだ」などと書くべきではない。

いうまでもなく、経済活動は社会的な行為だ。社会貢献してこそビジネスになり、適正な利益を生む。

社会貢献をしないで金儲けはできない。金儲けをすることは社会貢献をすることにも間違いなくつながってくる。少なくとも、大学で学ぶビジネスはそのようなものだ。

だから、「お金さえ儲ければ、何をしてもいい」「金が何よりも大事」という主張は、大学で学ぶべき内容を否定することにつながる。

✖べからず集④――「お金などに左右されるべきではない」という方向でも書かない

「お金がすべて」と書くのも困りものだが、逆に、「お金に惑わされるべきではない」という態度も、これらの学部では好ましくない。

小中高の先生には、教育学部や文学部出身者が多い。だから、多くの先生が「お金のことを考えるべきではない」「お金のことをいうのはいやしいこと」と教えがちだ。

その影響もあって、勉強のできる高校生に、とくにこうしたことを書く傾向が強い。

しかし、繰り返し説明しているとおり、経済学部、経営学部、商学部はお金の流れを解明したり、ビジネスのあり方を学んだりする学部だ。それらの学部が「お金が大事だ」という前提に立っていることは間違いない。

そもそも芸術も文学も医学も科学技術も、経済的な基盤の上に成り立っている。経済的な基盤があってこそ、民主主義は成り立つ。経済活動によって人間は生活し、思考し、文化をつくっていく。経済の重要性を軽視してはいけない。

もちろんお金がすべてではない。お金で買えないものもたくさんある。

しかし、それと同時に、お金の重要性についてもしっかりと認識しておく必要がある。

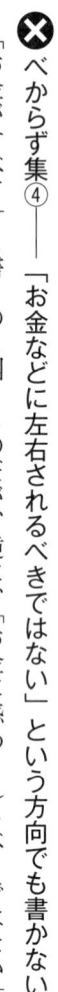

✖べからず集⑤——パニックにならない

先ほども説明したとおり、経済学部、経営学部、商学部では、受験生に事務処理能力を求める傾向がある。

そのため、時に、普通の受験生では時間内に終わるはずのないほどの、たくさんの問題を出すことがある。あるいは、普通の受験生では手に負えない難問を出すこともある。

そのような場合、大学側も受験生がすべての問題を解くことを期待していない。むしろ、きちんとした処理能力があり、パニックにならないで最後まで冷静に処理できるかどうかを見ようとしている。

だから、小論文の試験時間中に、パニックになってはいけない。もし時間不足のために頭を抱えるような問題が出たとすれば、ほかの多くの受験生も同じような状態に置かれているはずだ。

そのような場合、冷静になったほうが勝ちだ。そう考えて、できるだけ平静を保ってほしい。

✖べからず集⑥——多設問問題で、小論文以外を重視してはならない

先ほど説明したとおり、経済系の小論文問題には多設問のものが多い。設問が４つも５つもあって、最後の問題だけが小論文問題、そのほかは要約や説明を求める問題だったりする。

そんな場合、前から順に設問に答えて、最後の小論文問題が途中になってしまう受験生がいるが、それでは合格は難しい。

設問がいくつかあるとき、いうまでもなく、たくさんの字数が求められる小論文問題が最も配点が高い。４つ設問があって、その中の３つが、それぞれ１００字程度の説明問題、ひとつが８００字の小論文問題だとすると、１００点満点のうち、小論文問題が60点以上の配点を占めるだろう。

小論文問題が途中で終わっていたら、０点をつけられるのが原則だ。だから、ほかの問題がすべて完璧に書けたとしても、40点しかとれない。

時間が不十分なときは、ほかの小さな設問よりも、字数の多い小論文問題を先に完成させることをめざしてほしい。小論文問題が完成しないうちに時間切れを迎えないように、ほかの設問よりも先に、小論文問題に取り掛かることが大切だ。

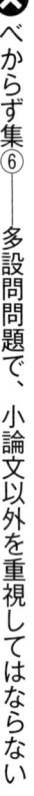

第2部

「書くネタ」編

経済系に出るネタをもっと身につける

1

市場と競争

市場と競争の働きを重視するのは古典的な経済学の基本だが、それだけではない。「なぜものには値段がつくのか」といった身近な経済問題から、環境問題といった現代的なテーマまで、経済に関わる問題を考えるうえでは欠かせないテーマでもある。ぜひともしっかりと理解しておいてほしい。

課題

近年、地球温暖化が問題になり、二酸化炭素などの温室効果ガスの排出が環境に悪影響を及ぼすことがわかってきました。そのため、環境をこれ以上悪化させないように、温室効果ガスの排出をできるだけ抑える必要があります。

しかし、温室効果ガスの排出の削減には、大きなコストがかかるため、政府が一方的に規制するだけでは限界があります。

民間企業に温室効果ガスの排出を抑えさせる対策として、どのようなものが考えられますか。６００字以内で論じなさい。

課題の解説

問題は、温室効果ガスを出さないようにするには大きなコストがかかるという点だろう。やるだけ損になるのであれば、企業が積極的に取り組みたがらないのも当然である。そこで、温室効果ガスの削減が何らかの形で得になるか、少なくとも、あまり損にならないようにすることが大切だ。

実際に行われている対策としては、「国内排出量取引制度」「環境税（炭素税）」などがある。

「国内排出量取引制度」というのは、企業ごとに「ここまでは温室効果ガスを排出してもいい」という量（排出枠）を割り当て、それを企業同士で取引できるようにすることだ。技術力の高い企業なら、効率的に温室効果ガスを削減して、割り当て分を余らせ、その余った割り当て分を、排出枠を超過しそうな企業に売って、利益を得ることができる。つまり、温室効果ガスの排出を削減できればできるほど、利益になるわけだ。

そうすると、各企業は、できるだけ温室効果ガスを削減しようと努力する。こうすれば、一律に排出を規制するより、社会全体として効率的に温室効果ガスの削減が可能になる。

一方、「環境税」というのは、環境に負荷のかかるものの排出に税金を課すというものだ。温室効果ガスの場合は「炭素税」という。温室効果ガスを多く排出する製品やエネルギーは炭素税の分が上乗せされるので、値段が上がる。そうなれば消費者はできるだけ燃費のいい車を買うだろうし、企業は排気量の少ない（または燃費のいい）車をつくろうと努力する。なお、日本では２０１２年10月から「地球温暖化対策のための税」という名称で炭素税が課せられるようになった。

要するに、どちらの対策も、温室効果ガスの排出という、本来は値段のつかないものに値段をつけて、そこに市場原理を導入しようとしているということだ。

どちらの対策で書いても構わない。対策の効果を具体的に説明できれば十分だ。

解答例 1

国内排出量取引制度の導入が有効な対策

温室効果ガスの排出を抑えるためには、企業ごとに温室効果ガスの排出可能な量を割り当て、それを企業同士で取引できる国内排出量取引制度を取り入れるべきだと私は考える。

確かに、この制度には問題点もある。排出枠の設定が緩すぎると、排出枠の売り手が増えすぎて排出枠の値段が下がってしまい、削減の努力をするだけ損をしてしまう。逆に、厳しすぎて、割り当てられた排出枠では足りない企業が増えすぎても、コスト減にはつながらない。しかし、そうならないように適切に枠を設定しさえすれば、この制度には大きなメリットがある。

もともと技術力が高く、効率的に温室効果ガスを削減できる企業にとっては、温室効果ガスの削減がそのまま利益につながるので、いっそう技術力を高めて削減量を増やそうというモチベーションにつながる。一方、割り当てられた排出枠では足りない企業は、新たに排出枠を買い入れなければならないので、それまで以上にコストがかかる。それを避けるためには、みずからも技術力を高めて、効率的に削減できるように努力しなくてはならない。このように、社会全体として最も少ないコストで、温室効果ガスの削減を実現できるのである。

以上のように、私は、国内排出量取引制度を取り入れるのがよいと考える。

解答例 2

炭素税を課すことが有効な対策

温室効果ガスの排出を抑えるためには、温室効果ガスを多く排出する物質に税金をかける炭素税が有効だと私は考える。

確かに、炭素税には、反対意見も多い。炭素税を課すと、自動車などの値段が上がって、ますます売れなくなるかもしれない。また、炭素税のない外国に生産拠点を移す企業が増え、国内産業の空洞化が進む恐れもある。しかし、税率などを適切に設定すれば、炭素税にはメリットのほうが多い。

炭素税を課すと、排気量の多い車や石油の値段が引き上げられることになる。その結果、消費者は、高い車を買って、高いガソリン代を払わなければならなくなる。そうなると、消費者は燃費のいい車に買い替えたり、電車やバスに乗り換えたりするようになるだろう。企業も、排気量の多い車は売れないので、できるだけ燃費のいい車を開発しようと努力するはずだ。このように、温室効果ガスの排出という、これまで値段のつかなかったものに、炭素税という形で値段をつけることで、企業も消費者も損をしないように努力するようになると考えられる。このことが、結果的に、温室効果ガスの削減と環境悪化の防止につながるのである。

以上のように、私は炭素税を課すことが有効な対策と考える。

市場と競争

理解のポイント

なぜモノに値段がつくのか?

経済学とは、世の中の経済活動について研究する学問だ。

では、そもそも経済とは何だろうか。

私たちが必要なものを必要なときに自由に使うことができれば、何も問題は起こらない。しかし、世の中の資源には限りがある。この場合の「資源」とは、たんに石油などの天然資源だけでなく、人材や土地、地球環境などのことも含んでいる。

ここが使える

私たちは、限りある資源を、できるだけ社会全体の利益になるように、効率的に配分しなければならない。それが経済の考え方だ。

たとえば、高速道路を使うのにお金がかかるのはなぜか。

無料にすると、誰もが高速道路を使おうとして、車の量(需要)が道路のキャパシティ(供給)を上回るだろう。それでは、渋滞が起こって、道路を利用する人すべてが困るだけでなく、物流が混乱して、社会全体が迷惑する。
そうならないように、高速料金を設定して、それだけのお金を払ってでも高速道路を利用したい人だけが利用できるようにする。この場合、高速道路という限りある資源を、利用者の間でいかに効率的に配分するかが問題になっているわけだ。

ここが使える

このように、**モノに値段がついているのは、限りある資源を無駄にせず、必要な人が必要なだけ使えるようにし、それが結果的に社会全体の利益になるようにするため**である。

モノの値段は、需要と供給の関係で決まる

それでは、モノの値段（価格）はどのように決まるのだろうか。

ここが使える

モノの値段（価格）は、需要と供給の関係で決まる。

たとえば、あるモノをほしいと思う（需要）人が多いのに、それに応えるだけの量（供給）がない場合には、それだけそのモノの値段は上がる。

価格が上がれば、売る人は利益を増やしたくて、できるだけたくさん売りたいと思うだろう。しかし、たくさんつくればつくるほど、今度はモノが余ってしまうので、売り手は値段を下げて売りさばかなくてはならなくなる。そうなると、いくら売っても利益になら

ないので、売り手側は供給量を減らすしかない。

そのうち、「この値段なら買ってもいい」という買い手の思惑と、「この値段なら売ってもいい」という売り手の思惑が一致する点がやってくる。そこでそのモノの価格が決まる。

ここが使える

このように、**モノに値段がついて、取引の対象になる抽象的な場を「市場」と呼ぶ。**

市場があるから分業が可能になる

経済において、市場はどんな役割を果たしているのだろうか。

ここが使える

重要なのは、**市場によって分業が可能になる**ということだ。

さまざまなものを少しずつつくるより、ひとつのものをたくさんつくるほうが効率的だ。米をたくさんつくった人と塩をたくさんつくった人が、それぞれ余った分を交換すれば、お互いに得をする。米も塩も無駄にならず、それらをつくるために費やした資源（原材料や土地、労働力など）も無駄にならないので、社会全体としても効率がいい。

やがて、物々交換ではなく、お金（貨幣）を媒介として、専門の商人を間に挟んでモノを交換するようになる。

その際、先に述べたように、需要と供給が一致したところでモノの値段が決まる。それによって、必要な人が必要な分だけモノを手に入れることができるようになるわけだ。

なぜ競争が必要なのか?

しかし、ある商品を供給する人がひとりしかいないと、その人はそのモノの供給量を制限して、思うままに値段を釣り上げるかもしれない（市場の独占）。

そうならないためには、いくつかの供給者が自由に競争して、消費者がその中から選べるようにする必要がある。そうなれば、供給者は競争に勝つために、できるだけ少ない資源で質の高い商品を消費者に提供しようと努力するだろう。

ここが使える

このように、**市場で複数の供給者を競争させることによって、消費者が得をするだけでなく、限りある資源を効率的に配分できるようになる**わけだ。

もちろん、実際には、そううまくはいかないことがほとんどだ。

たとえば、供給する側が協定を結んで、価格を固定してしまうことも考えられる（市場の寡占）。消費者はほかに選択肢がないわけだから、その固定された価格でモノを買うしかない。その場合、供給側がみんな少しずつ得をするかわりに、消費者は損をする。

ここが使える

市場の独占・寡占が起こらないようにするには、企業同士の協定を禁止するなど、法に

よってルールを決めることも必要だ。

それができれば、あとは誰が命令するわけでもなく、市場の自然な働きにまかせることで、社会全体として最も効率的に資源配分ができ、みんなが得をするようになる。このような考え方を「市場原理」と呼ぶ。

本来値段がないものにも値段がつくようになってきた

もちろんすべてのモノに値段がつくとは限らないが、最近はそうともいえないようだ。

水は無限にあると思われてきたために、従来は値段がつかないのが普通だった。しかし、水不足や水質汚濁が深刻になるにつれ、水も限られた資源であることが明らかになって、取引の対象になってきている。

従来、ゴミの収集は無料で行われていたが、いまでは有料の自治体が増えている。

これは、ゴミの収集に値段をつけ、「ゴミを出した人は、その分の処理費用を負担する」という原則にすることで、少しでもゴミを減らそうという試みだ。

ここが使える

このように、**それまでは値段がつかなかったものにも値段をつけて、市場をつくることで、資源を無駄遣いせず、効率的に配分できるようになる**とも考えられるわけだ。

2

経済における政府の役割

古典的な経済学の考え方では、市場の働きにまかせておけば経済はうまくいくはずだが、現実はそうはいかない。そのため、経済において政府はどんな役割を果たすべきか、いまでもさまざまに議論されている。経済の問題を考えるうえで、政府にどんな役割が期待されているのか、また政府が介入しすぎることでどんな問題が起こるのかをぜひ知っておいてほしい。

課題

近年、日本政府は、「クール・ジャパン戦略」として、ゲームやアニメなどの日本のポップ・カルチャーを海外に輸出し、日本の文化産業の振興につなげようという政策に取り組んでいます。

この取り組みについて、あなたはどう考えますか。600字以内で論じなさい。

課題の解説

日本のゲームやアニメ、マンガなどが世界的に評価され、海外にもファンが多いことはよく知られているが、現状では、それらが必ずしもビジネスにつながっているとはいえない。そのため、政府が日本のポップ・カルチャーを世界に売り込んで、成長産業にし、日本経済の活性化につなげようとしている。それが「クール・ジャパン戦略」だ。

政府のこうした取り組みは、「産業政策」と呼ばれる。

成長途上にある産業はまだ競争力がないので、外国から安くて質の高い同じ商品が輸入されると、太刀打ちできない。

そうならないように、政府が補助金を出したり、税金を安くしたりする一方で、輸入を規制するなどして、その産業を積極的に保護・育成しようというのが産業政策だ。それによって、国の経済全体を活性化し、発展させようというわけだ。

戦後の日本では、新興の自動車産業や電機産業を守るために自動車等の輸入を規制する措置がとられた。こうした産業政策は、日本の高度経済成長に大きく貢献したといわれる。

今回の課題にイエスの立場をとる場合は、そうしたことを、文化産業の場合に即して説明するといいだろう。

一方、「産業政策には意味がない」という批判も多い。成長する産業は、自由な競争によってコストを削減し、質を高めることで競争力をつけ、発展する。政府の手厚い保護があると、かえってモチベーションを失い、競争力を失う恐れがあるというわけだ。

そもそも、政府の役人に、これから成長しそうな産業や企業を見分ける能力があるのかという疑問もある。日本の自動車産業や電機産業にしても、ホンダやソニーといった、産業政策では保護されなかった企業が業界を引っ張ってきたという歴史がある。

実際に、日本の産業政策は、農業や中小企業など、どちらかといえば衰退しつつある産業や企業をサポートするものになっていることが多い。そのため、非効率な産業や企業が生き延びてしまい、日本経済の長期低迷の一因になっているという見方もあるほどだ。

ノーの場合には、以上のようなことをしっかりと説明すればいいだろう。

解答例 1

【賛成】アニメやマンガを成長産業に

　近年、日本政府が取り組んでいる「クール・ジャパン戦略」については、さまざまな意見がある。「クール・ジャパン戦略」は、はたして好ましいものなのだろうか。

　確かに、日本のポップ・カルチャーは、国内での激しい競争の中から、海外でも評価される斬新で多様なコンテンツが生まれてきた。そこに政府が関与すると、むしろ競争が抑制され、新しいものが生まれにくくなる恐れもある。しかし、現状では、もっと政府が関わるほうが好ましい。

　日本のポップ・カルチャーは、海外にもファンが多いわりに、必ずしもビジネスにつながっているとはいえない。とくに日本のアニメ制作は、コスト削減のために海外に拠点を移すなど、危機的状況にある。また、日本の優秀なコンテンツも、海外の動画サイトに違法にアップロードされたり、海外の業者に模倣されたりして、利益にならないことが多い。そうならないように、政府がもっと本格的にアニメやマンガなどの産業を保護し、成長産業に育てなくてはいけない。それによって日本のポップ・カルチャーが輸出商品として正当に利益を上げるようになれば、日本の経済の活性化につながり、国益にもかなうはずだ。

　以上のように、政府はもっと「クール・ジャパン戦略」に本腰を入れて取り組むべきだと私は考える。

解答例 2

【反対】政府の関与は最小限であるべき

近年、「クール・ジャパン戦略」として、日本政府は日本のポップ・カルチャーを世界に売り出そうとしているが、はたしてこれは好ましいことだろうか。

確かに、現状では、日本のポップ・カルチャーは海外でも人気が高いわりに、必ずしもビジネスに結びついているとはいえない。海外での著作権を保護したり、情報の発信を支援したりするなど、日本側が海外にもコンテンツを売りやすくする環境を整備することは必要かもしれない。しかし、それ以上に政府が関与することは、かえってマイナス面が大きい。

もともと、日本のポップ・カルチャーは、クリエイターの斬新なアイデアや職人らしいこだわりによって、その多様性が海外でも高く評価されるようになった。そこに政府が関与して、「クール・ジャパン」として一律にレッテルを貼ることで、むしろ新しいものが生まれにくくなったり、マニアックなこだわりが否定されたりする恐れがある。それでは、日本のポップ・カルチャーの魅力を損ないかねない。むしろ、政府は、日本のポップ・カルチャーが海外で対等に競争できるような環境づくりに徹し、それ以上の関与はしないようにするべきだ。

このように、私は「クール・ジャパン戦略」は必ずしも好ましいとは思わない。

経済における政府の役割

理解のポイント

計画経済はなぜ失敗したのか？――社会主義国という反面教師

「1 市場と競争」の項目で述べたように、経済学では、できるだけ市場の自由にまかせるほうが経済活動はうまくいくとされている。

それでは、経済の分野において、政府にはどんな役割が期待されているのだろうか。それを考えるには、旧ソ連などの社会主義国において、政府がどんな役割を果たしたかを考えるとわかりやすい。

ここが使える

社会主義国では、政府が経済計画を立てて各企業に指示を出し、企業はそれに従って生産する。生産したものは政府に一定の価格で買い取られ、政府の計画に従って分配される。

確かに、これは一見公平で無駄がないように見えるが、「誰が何をどれだけ必要としているか」を机上の計算だけで把握することは、そもそも不可能に近い。

また、賃金も国から決まった額が支払われるだけなので、企業も労働者も努力してコストを削減したり技術を向上させたりしても、利益にはつながらない。となると、「少しでも無駄を省こう」とか「よいものをつくろう」というモチベーションも生まれにくい。

そのため、社会主義国では、粗悪な商品ばかりが店頭にあふれ、消費者が本当に必要なものが手に入れられないという状態に陥った。

ここが使える

こうした**計画経済の失敗が、1980年代末の社会主義圏の崩壊を招いた一因**といえる。

「民間にはできないこと」をするのが政府の役割

ここが使える

それに対し、**資本主義国における市場経済の考え方では、政府の役割は最小限にとどめるべきだ**とする考え方が根強い。

まず、市場がうまくいくように、法によるルールづくりをして、市場の参加者にそれを守らせる。これは、国民から権力を委託された国や地方自治体にしかできないことだ。

また、道路や橋をつくったり、すべての国民に教育を受けさせるといったことは、民間企業にまかせることはできない。コストに見合った利益が期待できないからだ。そこで、国が税金を使って、そうしたことを負担する必要がある。

企業がモノをつくっても、それを輸送したり宣伝したりできなければ、モノは売れない。

そもそも、モノをつくるにも、電気や水、そして一定の知識や技術のある労働者などが必要になる。企業がそうした経済活動をスムーズに行えるように、道路や橋などの交通網や通信網を整備し、人々に教育を受けさせ、治安を安定させる。これも重要な仕事だ。

ここが使える

このように、**市場経済においては、社会的なインフラストラクチャーを整備することが、政府の第一の役割となる。**

ここが使える

逆にいえば、それ以外のこと、つまり**民間でもできることは、できるだけ民間にまかせて、政府の仕事は民間にできないことに限るべき**だともいえる。

経済を成長させるには――民営化と規制緩和

政府がやるべき経済政策としては、次のようなものがある。

ここが使える

ひとつは、**景気を安定させること**。これは国にとって重要な仕事だが、この点については、「3 景気と景気対策」の項目でくわしく説明する。

ここが使える

もうひとつは、**経済を成長させること**。産業政策もそのひとつだが、民営化や規制緩和もここには含まれる。

ここが使える

「課題の解説」でも述べたように、**産業政策は国が特定の産業や企業を積極的に保護す**

る政策だ。その逆に、**民営化や規制緩和は、できるだけ自由な競争を実現させ、民間企業が自分の力で経済を成長させられるようにすること**が目的だ。

ただし、前述したように、国は民間だと利益が出ないことをやらなくてはいけない。

道路の建設や義務教育が民間にできないことはわかりやすいが、たとえば交通機関や郵便、医療などはどうだろうか。

日本では、日本国有鉄道が民営化されてJRになり、サービスは向上したが、採算のとれないローカル線が廃止されるなど、弊害も少なくない。

ここが使える

どの部分を民営化・規制緩和し、どの部分をすべきでないか慎重に考える必要がある。

所得再分配政策も、政府の重要な役割

ここが使える

政府のやるべきこととして、さらに重要なのが、**所得の再分配**だ。

仮に、市場によって最適な資源配分が実現したとしても、それによってもたらされた富が、すべての人に公平に行き渡るわけではない。

市場経済の社会では、お金がなければ何も手に入らないので、収入が得られなければ、生活していけない。

ここが使える

しかし、**十分な収入が得られない人でも生活に困らないように、所得の一部を税金として政府がいったん集め、それを貧しい人に再分配するのが所得再分配政策**だ。

多くの国では、累進課税制といって、所得が多い人ほど税金が高くなるシステムになっているが、これも、できるだけ公平に富を再分配するための仕組みである。

ただし、再分配政策は、成長政策と矛盾する面がある。

ここが使える

規制緩和をすることで、人々の競争意欲をかき立て、経済成長につなげようというのが成長政策である。しかし、せっかく稼いだお金がどんどん税金にとられ、それが働いていない人の生活費に回されるとなったら、誰もがんばって働こうとしなくなる恐れがある。

一方、再分配をしないで収入格差が広がるのを放っておいても、問題は起きる。

成功するかどうかは、努力だけでなく、持って生まれた能力や生まれ育った環境、運などによるところが大きい。にもかかわらず、努力しても失敗したらまともな生活すらできないのでは、真面目に働く意欲をなくしてしまい、社会全体が活気を失うかもしれない。

ここが使える

いずれにしても、**再分配政策は、その時々の経済状況に応じて適切な基準を考える必要がある**といえるだろう。

3
景気と景気対策

1990年以降、長期不況に陥っている日本経済にとって、景気の問題は重要なテーマだ。景気とは何か、どんな仕組みで景気がよくなったり悪くなったりするのか、景気をよくするためにはどうすればいいのか……といった基本的な事柄について押さえておくことは、日本経済の現状と今後を考えるうえでも大いに必要なことだろう。

課題

需要を増やして景気を安定させるために国が行える政策として、財政政策（公共投資の拡大や減税など）と金融政策（中央銀行が市場に出回るお金の量を調整すること）の2つが考えられます。現在の日本経済において、どちらがより有効だと考えられますか。どちらかひとつを選んで、理由とともに600字以内で論じなさい。

課題の解説

景気の良し悪しは国民生活に大きな影響を与えるので、景気が悪化しないように、または景気が上向くように、国として何らかの手を打つ必要がある。

それには、財政政策と金融政策の2つの政策が考えられる。

財政政策としては、主に公共投資の拡大と減税があげられる。

公共投資というのは、政府がお金を出して道路や橋の建設・修理などを行うことだ。公共投資をすると、工事を請け負った建設業者にお金が入る。すると、雇われた労働者の収入も増える。それによって消費が増えると、消費財をつくる企業も利益が増えて従業員の賃金が上がるので、さらに消費が増える。それが景気回復につながるというわけだ。

財政政策のもうひとつは、減税である。税金を減らせば、その分、一般家庭が消費に使えるお金が増える。それによって、公共投資の拡大と同じような効果が見込めるわけだ。

ただし、財政政策を行うには政府は国債を発行してお金を調達する必要があるので、国の借金はかさんでしまう。さらに、国民が先行きの不安でお金を消費ではなく貯蓄に回してしまえば、景気の回復にはつながらない。

景気対策としてもうひとつ考えられるのが、中央銀行が行う金融政策だ。

金融政策とは、簡単にいえば、中央銀行（日本では日本銀行）が物価を安定させるために、市場に出回るお金の量を調整することだ。不況の時期に社会に流通するお金を増やせば、設備投資をする企業や、高い買い物をする消費者も増えて、経済活動が活発になるというわけだ。

ただし、こちらにも問題点がある。市場に出回るお金の量を増やすには、金利を下げて、企業が銀行からお金を借りやすくするのが早道だが、金利がゼロになってそれ以上下げられなくなれば、金融政策の効果はなくなる。また、金融政策が行き過ぎてお金の量が増えすぎると、賃金の上昇より物価の上昇が激しくなって、国民は生活に困ることになる。

財政政策と金融政策のどちらが有効かはその時々の経済状況によって違うが、この課題では、あえてどちらかに絞ってメリット・デメリットを考えてほしい。

解答例 1

財政政策のほうが有効

景気対策として、財政政策と金融政策の2つが考えられるが、日本経済の現状においては、私は財政政策のほうが有効だと考える。

確かに、財政政策には問題点も多い。需要の拡大のために必要のない道路や施設をつくることになって、貴重な税金の無駄遣いとして批判されることも少なくない。また、公共投資の拡大にせよ減税にせよ、財政政策を行うには、政府は国債を発行して借金をしなければならない。近年は、その金額が膨大になって、将来世代に重い負担を押しつける形になってしまっている。しかし、それでも、私は財政政策を重視するべきだと考える。

不景気が続くのは、企業や消費者が、投資や消費をしなくなっているからだ。金融政策だけでは、投資意欲や消費意欲を刺激することはできない。企業や消費者の使えるお金が直接増えるわけではないからだ。そうではなく、企業や消費者の収入が直接増える手段をとる必要がある。高度成長期につくられた道路や公共施設が、いまちょうど建て替えの必要な時期になっている。そこに国のお金を使って需要を増やせば、税金の無駄にもならず、民間の投資意欲や消費意欲を刺激できる。このように、何に投資をするかさえ間違えなければ、財政政策のほうが経済の活性化につながるはずだ。

このように、私は景気対策として、財政政策のほうを重視すべきだと考える。

解答例 2

金融政策のほうが有効

景気対策として、財政政策と金融政策の2つが考えられるが、日本経済の現状においては、私は金融政策のほうが有効だと考える。

確かに、金融政策には問題もある。金融政策では、市場に出回るお金の量を増やして、民間がお金を使いやすくするのが目的だが、それが行き過ぎると、今度は物価が上がりすぎて、市場が混乱する恐れがある。しかし、そうならないように適切な調整さえできれば、金融政策のほうが有効だと考えられる。

財政政策は、国民が直接使えるお金を増やすのが目的だが、このやり方には限界がある。不景気が続くかぎり、国民は将来への不安から、収入が増えたとしても、消費より貯蓄に回そうとするはずだ。また、国債の乱発による財政赤字をこれ以上増やすのも、国民の将来への不安を増すことにしかならない。その不安を解消するためには、金融政策を継続的に行い、社会に出回るお金の量を増やしつづけるしかない。そうすることで、将来への不安がなくなれば、国民は前向きにお金を使いやすくなり、企業の設備投資や消費者の消費への意欲も刺激されるはずだ。

以上のことから、私は景気対策として、金融政策のほうを重視すべきだと考える。

理解のポイント

景気の良し悪しをはかるGDPというものさし

「景気」という言葉は、通常、国全体として経済がうまくいっているかどうかをあらわすものだ。

景気がよければ、商取引が活発になって、企業の業績が上がり、働く人も所得が増えて生活が楽になる。景気が悪くなれば、商取引が低調になって、企業の業績も下がり、働く人の所得も減って生活が苦しくなる。一般的には、そのように考えていいだろう。

では、景気がよいとか悪いというのを、どうやって判断するのだろうか。

ここが使える

一般的には、景気の良し悪しは、GDP（国内総生産）によって判断される。

GDPとは、日本中の企業が一年間の経済活動によって得た売り上げから、原材料費を差し引いたものの合計だ。そうして得られた利益は、いずれ経営者や従業員の所得になる。つまり、GDPは、その国の全員が一年間で得た所得の合計でもあるわけだ。

ＧＤＰが多いということは、その国の経済活動が活発で、企業も儲かり、働く人も収入が増えているということだ。

働く人の収入が増えれば、消費も増え、さらに経済活動が活発になる。そして、ＧＤＰが前年度に比べて十分に伸びていれば、その国の経済が順調に成長していて、「景気がよい」ということになる。

つまり、**一般的には、ＧＤＰの伸び率（経済成長率）が高いか低いかで、その国の景気が判断される**わけだ。

なぜ景気はよくなったり悪くなったりするのか？

では、景気がよくなったり悪くなったりするのは、なぜだろうか。

ＧＤＰには、一般家庭の消費や政府の財政支出も含まれるが、なかでも大きな割合を占めるのが民間企業の設備投資である。

企業は生産を増やすために、生産のための機械を買ったり、工場や事務所を建てたりする必要がある。それが設備投資だ。

設備投資が増えれば、生産が増え、従業員の収入も増える。従業員が消費を増やせば、その消費財をつくっている企業も儲かり、その企業の従業員の収入も増え、さらに消費が増える。

　そうなると、企業も強気になって、ますます設備投資をしてモノの生産を増やす。このようにして、設備投資が増えれば、その何倍ものＧＤＰの増加がもたらされる。

　高度経済成長期の日本は、まさにこのような好景気の中にあったといえるだろう。

　ところが、企業がモノをつくりすぎる、つまり供給が増えすぎると、やがて需要が追いつかなくなる。そうなると、売れ残ったものをどう処分するかという問題が生じる。企業は値段を下げて売りさばけば利益は大幅に減るし、在庫管理にもコストがかかる。企業は生産規模を縮小し、設備投資にも慎重になる。

　すると、働く人の収入も減り、消費も減る。

　将来が不安だから、みんなモノを買うより貯蓄をするようになり、ますます消費が冷え込み、そのために企業もモノをつくらなくなる。景気がよくなる際と逆の循環が起こって、今度は設備投資が減った分の何倍ものＧＤＰの減少が起こるのだ。

　バブル景気が弾け、長期不況に入った時期の日本は、このような状態にあったといえるだろう。

物価を安定させ、景気の変動をできるだけ抑える「安定化政策」の重要性

このように、景気の良し悪しは、国民生活に大きな影響を与える。さらに、景気が悪くなって国民所得が減れば、税収も減るので、政府の台所も苦しくなる。

かつては、このように景気がよくなったり悪くなったりするのはやむを得ないことだと考えられていた。

しかし、1930年代以降、国として何らかの対策を打つことで、物価を安定させ、景気の変動をできるだけ抑えることが求められるようになってきた。

ここが使える

物価を安定させ、景気の変動をできるだけ抑えることを「安定化政策」と呼び、経済における政府の役割の重要なひとつとされている。

安定化政策には、「課題の解説」で述べたように、政府が主導する財政政策と、中央銀行が主導する金融政策がある。

このうち、金融政策については、もう少しくわしい説明が必要だろう。

中央銀行の3つの役割

金融政策を行うのは、政府ではなく、その国の中央銀行だ。日本では、日本銀行がそれに当たる。

ここが使える

中央銀行には、その国の通貨（日本では、円）を発行する「発券銀行」としての役割と、民間の銀行に資金を貸し付ける「銀行の銀行」としての役割があるが、金融政策を行って物価を安定させるのも重要な役割だ。

1990年代以降の日本では、デフレーション（物価が持続的に下がること。デフレ）の状態が長く続いて、なかなか不景気から脱け出せなかった。

物価が下がると、企業はモノを売っても利益にならないので、モノをつくるのを控えるようになる。そうなると、設備投資のための資金の借り入れも控えるようになって、さらに景気が落ち込むことになる。

そこで、中央銀行は「オペレーション」と呼ばれる手法を使って、貸出金利（民間の銀行が資金を貸し出す際の利子率）を引き下げる。

そうすると、企業は銀行から資金を借りやすくなるので、積極的に設備投資をするようになり、結果的に経済が活性化するというわけだ。

「流動性の罠」と「量的緩和」

ただし、貸出金利をどんどん引き下げていくと、やがて金利はゼロになってしまう。

「ゼロ金利」になってそれ以上金利が下げられなくなれば、金融政策の効果もゼロになる。この状態を「流動性の罠」と呼ぶ。

そのため、さらに市場に出回るお金の量を増やす方法として、「量的緩和」という政策が行われるようになった。

「量的緩和」は、金利を下げるのではなく、民間の銀行の手持ちの預金量を増やすというものだ。銀行の手持ちのお金が増えれば、企業もお金を借りやすくなって、従来の金融緩和政策と同じ効果が期待できるというわけだ。

こうした金融緩和政策は、行き過ぎると、今度は物価が持続的に上昇するインフレーションを引き起こし、経済を混乱させる恐れがある。すると、今度は金利を引き上げて、市場に出回るお金の量を減らす「金融引き締め政策」が行われることになる。

そのようにして、**中央銀行は市場に出回るお金の量を調整することによって、物価を一**

定にし、景気を安定させる役割が求められているのだ。

4

新自由主義の問題

伝統的な経済学では、市場にまかせれば資源が効率よく配分されると考える。その考え方を政策的に推し進めたのが「新自由主義」だ。しかし、その結果、日本では格差が拡大したともいわれている。現代では、格差を是正し、公平さをいかに保つかということも経済学の大きな課題となっている。経済学部の志望者は、こうしたことについても考えておくといいだろう。

課題

「新自由主義」の考え方にもとづいて行われた小泉構造改革は、日本社会における格差の拡大を招いたとして、現在では批判されることが少なくありません。では、新自由主義的な改革は、いまの日本社会には必要ないのでしょうか。あなたの考えを600字以内で述べなさい。

課題の解説

「新自由主義（ネオリベラリズム）」というのは、資源の配分を市場に委ねるのが最も効率的であり、国家は市場における自由競争に極力介入すべきではないとする考え方だ。

この市場での自由競争を尊重する考えのもと、「官から民へ」のスローガンで、日本社会の構造改革を行おうとしたのが、小泉純一郎政権（2001〜2006年）である。

小泉政権は、たとえば道路公団や郵政公社の民営化を断行し、民間でできることは民間で行えるようにした。また、国によるさまざまな規制が自由競争を妨げているとして、規制緩和を行い、民間の企業がより自由に競争できるようにした。

しかし、そうした規制緩和の流れの中で、製造業での派遣労働が解禁となり、その結果として、正規雇用者（正社員）と非正規雇用者との賃金格差が拡大したという問題が指摘されるようになった。「小泉構造改革は格差を拡大させた」と批判されるようになったわけだ。

今回の課題で問われているのは、そうした背景をもつ新自由主義的な改革が今後、日本社会に必要かどうかである。

この問いに答えるには、いま述べた小泉構造改革についてもある程度知識をつけておく必要はあるが、その説明だけで終わってしまったのでは意味がない。

新自由主義的な改革に賛成する立場をとるのであれば、今後どんな改革が必要なのかを示す必要がある。

新自由主義的な考え方では、国営事業を民営化したり、公共事業を減らしたり、社会保障費を抑えたりすることがめざされるので、そうしたことの是非を論じてもいいだろう。また、新自由主義は自由貿易を肯定するので、日本のＴＰＰへの参加を取り上げてもいい。

一方、新自由主義的な改革に反対する場合は、市場への国家の積極的な介入の必要性を認めたうえで、新自由主義的な考え方を批判するといいだろう。

この場合には、ＴＰＰへの参加を批判的に取り上げることもできるはずだ。

解答例 1

【賛成】構造改革をもっと徹底することで、格差を縮小できる

現在の日本社会で格差が大きくなったのは、新自由主義的な考え方にもとづいて行われた小泉構造改革のせいだという批判がある。では、そうした構造改革は、もはや行うべきではないのだろうか。

確かに、小泉構造改革が正社員と非正規雇用者との所得格差を大きくし、それが消費を冷え込ませてデフレを長引かせてしまった面はあるだろう。消費は中間層が多いほど活発に行われるのに、格差が拡大して低所得者層が増えてしまうと、消費が減るのはある意味当然のことだ。しかし、日本社会にとって、構造改革は今後も必要だと私は考える。

格差が拡大し、不公平感が増大してしまったのは、構造改革が誤りだったからではなく、構造改革がまだ不十分だからである。小泉構造改革も、郵政以外の政府機関や特殊法人の民営化には消極的だったり、破綻しそうな銀行を救済するなど、じつは不徹底な面があった。格差が拡大しているのも、高齢者や大企業を優遇したまま、若者や中小企業にとって不利な規制緩和を進めてきたからだ。既得権益層への優遇措置を撤廃し、もっと誰もが平等かつ公正に競争できるようにしてこそ、経済が活性化し、日本もデフレ不況を脱却できる。そうして、消費が増えて市場が拡大すれば、格差を少しでも減らせるはずだ。

したがって、新自由主義的な構造改革を今後も行っていくべきだと考える。

解答例 2

【反対】国内の中小企業を守るべき

近年、日本の社会では所得格差が拡大したことが問題になっている。そして、その原因として批判されているのが、小泉政権の行った新自由主義的な構造改革である。では、今後、そうした改革を行うことは好ましくないのだろうか。

確かに、現在、日本の国家財政は赤字が大きく膨らんでいるので、民間にできることは民間にまかせて国の仕事を減らし、国の支出を極力抑える努力をすることは今後も必要だろう。そうしないと、国家財政が破綻しかねないからだ。しかし、だからといって、何でも市場での自由競争に委ねるというのでは、国民の生活に大きなダメージを与えかねない。

たとえば、ＴＰＰへの参加は、新自由主義的な考え方にもとづいている。ＴＰＰはたんに自由貿易を進めるだけのものではない。ほかの加盟国の企業が日本に進出しやすいように、日本国内に規制などの障壁があれば、それを取り除かないといけなくなる。もちろん、日本の企業もほかの加盟国に進出しやすくなるので、大企業にとってはメリットがあるかもしれない。しかし、大多数の海外進出の難しい中小企業にとっては、過剰な競争にさらされ、デメリットのほうが大きいだろう。より安価な労働力をもつ海外の企業に押されて、日本の中小企業が大きなダメージを受け、失業者も増えかねない。

よって、新自由主義的な改革を行うことは必ずしも好ましいとはいえない。

新自由主義の問題

理解のポイント

「市場の失敗」と国家による介入の問題点

古典的な経済学では、個人や会社が自由に取引を行う市場にまかせておけば、「神の見えざる手」によって需要と供給のバランスがとれ、富が効率よく配分されると考える。

ここが使える

この、**需要と供給のバランスを自動的に調節してくれる市場の機能を尊重する考え方を「市場主義」という**。現在の経済学の主流派は古典的な経済学を継承しているので、こうした市場主義的な考え方をする。

ここが使える

しかし、市場は必ずしもいつもうまく機能するとは限らない。

「市場の失敗」が明らかになったのが、1929年に始まった世界大恐慌である。経済を市場にまかせておくと、時には株価が大暴落して、恐慌になることがある。これが「市場の失敗」と捉えられ、その後、ケインズ経済学のような、公共事業という形で国家が市場に積極的に介入することをすすめる学説が出てきた。

また、日本では高度経済成長期に、水俣病のような公害が問題になったが、これなども「市場の失敗」として扱われることが多い。

ここが使える

企業の利益の追求を肯定する市場にまかせておくと、大恐慌や公害のような取り返しのつかない被害が出てしまいかねない。そうならないように、国家が企業活動を監視し、必要に応じて規制をかける。そうすることで、国民生活の安全を守ることができる。そうした考え方もある。

ここが使える

しかし、**国家の市場への介入には弊害があるのも事実だ。国家がさまざまな事業を行うことは、多くの場合、効率が悪い。その結果、国家の支出が膨らみ、赤字財政に陥るケースも少なくない。**

国営企業は市場の競争にさらされないため、どうしても生産性が低下し、赤字体質になりがちだ。ということは、つまり国家の財政の無駄が大きくなるということである。

こうした反省から、1980年代になってとりわけ注目を浴びはじめたのが新自由主義である。

新自由主義とは何か？

ここが使える

新自由主義は、市場における自由競争を最大限重視しようとする。そのため、市場での自由競争を妨げる要素は、できるだけ取り払おうとする。

たとえば、独占的な国営企業を民営化したり、市場への新規参入を妨げている規制を撤廃したりする。最近でいうと、小泉政権下で行われた郵政公社の民営化や、タクシー事業への新規参入規制の撤廃などがそれに当たる。

ここが使える

また、**新自由主義は、外国資本だからといって排除することはない。市場は外国資本にも平等に開かれていなければならないと考える**のだ。

いまはグローバル化の時代であり、市場もグローバル化している。

たとえば、企業がある製品をつくる場合、部品の調達はある国で行い、製品の組み立てはまた別の国で行うといった形での国際分業が進んでいる。

にもかかわらず、日本国内の企業を守るという名目で、外国資本の新規参入を規制するのは保護主義的であり、時代の流れに逆行するという見方もある。

ここが使える

つまり、**新自由主義では、国内市場を世界に開いてこそ、真に公正で自由な競争が行わ**

れ、資源が適正な価格で効率的に配分されると考えるわけだ。

新自由主義にはどんな批判がある？

ここが使える

その一方で、新自由主義のように、自由競争を最大限重視すると、弱肉強食の社会になってしまうという批判もある。

競争に勝った企業だけが生き残ることができ、負けた企業は市場から速やかに退場するとなると、負けた企業の従業員は失業してしまう。その結果として、国民の間の所得格差が大きくなってしまう恐れがある。

新自由主義的な小泉構造改革が批判されたのは、まさにこの点だった。

ここが使える

市場での自由競争により、勝ち組と負け組が出て所得格差が大きくなっても、セーフティーネット（安全網）がしっかりとしていれば、負け組になった者も再度チャレンジできる。

このセーフティーネットの整備が日本では不十分だったことは確かだろう。

とくに若者層に対してのセーフティーネットがほとんどなかったため、若者の非正規雇用を増やすことになってしまった。これは反省すべき点だろう。

ここが使える

市場での自由競争を重視すること自体は、経済学的には間違った考え方とはいいにくい。しかし、「市場にまかせておけばすべてうまくいく」という考え方にも限界があるのは確かである。

効率性と公平性はトレードオフの関係にある

ここが使える

一般的な経済学は、資源の効率的な配分を問題にする。

私たちの労働力も一種の資源である。そのため、それを効率よく配分するには、市場に委ねるのがいいと考えるわけだ。

会社は、能力や生産性の高い人には高い給料を払って、たくさん働いてもらう。そうでない人には、その能力に応じて給料を払い、それ相応に働いてもらう。そうするのが労働力の活用としては最も効率がいい。

しかし、実際には必ずしもそうなってはいない。能力が高くないのに、正社員として高い給料をもらっている人もいれば、能力があるのに非正規雇用で安い賃金しかもらっていない人もいる。

これでは非効率的だ。そのため、労働力を効率よく活用するには、正規雇用と非正規雇用の区別を取り払って、能力に応じて賃金を支払うのがいちばんいいことになる。

ここが使える

一方、**経済学は、効率性と同時に公平性も問題にする。公平性とは人々の間に格差のないことだ**。

ここが使える

効率性と公平性は、よく「トレードオフ」（二律背反）の関係にあるといわれる。**トレードオフとは2つのものが両立不可能ということ**で、効率性を重視すれば、公平性が損なわれ、その逆もまたそうであることが多い。

たとえば、働く人の能力や生産性に応じて賃金を支払うことにすると、効率性は高まっても、公平とはいえなくなる。

人間には生まれ持った能力差がある。運や環境による違いも大きい。

能力のない人が安い賃金しかもらえないのはある程度仕方ないとしても、社会全体としては、所得の低い人を放っておくわけにはいかない。どんな人にも幸福に暮らす権利があるからだ。

ここが使える

そのため、**国が所得の再分配を行い、公平性が大きく損なわれないようにする**。

たとえば、累進課税といって、収入の多い人ほど高い所得税を払ってもらい、逆に収入の少ない人からは所得税をとらない。そのような形で、国が国民に所得に応じた税負担をしてもらい、その税金を使って低所得の人も幸福に暮らせるような福祉サービスを提供する。そうすることで、所得が再分配され、公平性が保たれる。

経済学がなぜこうした公平性も重視するかというと、格差の大きな社会、あるいは格差の固定した社会は持続性に乏しいからだ。格差が大きくなりすぎて貧困者が増えると、そうした人たちの不満がたまり、社会が成り立たなくなる。

ここが使える

したがって、**社会を成り立たせ、できるだけ多くの人を幸福にするためには、効率性と公平性の最適なバランスを探っていくことが常に重要になってくる**のである。

5 経済のグローバル化

「グローバル化」は、人文系・社会系を問わず、入試小論文の重要なテーマのひとつだが、とくに経済学部では必ず押さえておかなければならない問題だ。経済のグローバル化というのが具体的にどういうもので、その背景に何が起こっているのかを知ることで、経済に関わるほかの問題も理解できるようになる。しっかりとポイントを押さえておいてほしい。

課題

1990年代以降、市場が一体化され、世界経済が急速にグローバル化しています。一方、経済のグローバル化に抵抗する動きも出てきています。グローバル化の進む世界経済の現状について、あなたはどう考えますか。600字以内で論じなさい。

課題の解説

「グローバル化」というのは、簡単にいえば、従来の国家や地域の枠組みを越えて、世界がひとつになるということだ。したがって、経済のグローバル化とは、経済活動がひとつの国や地域の中だけでなく、世界規模で展開するようになることをいう。

具体的には、ヒト・モノ（商品）・カネ（資本）が、国境を越えて自由に行き来するようになり、市場が一体化されていくことだ。世界中のどこでも同じものが買えたり、同じように働けたりする。その結果、「国内」と「国外」の差が薄れつつある。

そうした現状には、どんなメリットとデメリットがあるだろうか。

日本のような先進国にとっては、海外の安い商品が自由に買えるようになり、消費者は得をする。また、国内市場が小さい国にとっては、海外市場に参加することで経済成長をするチャンスが生まれる。

世界的には、市場が一体化して巨大になれば、それだけ経済活動が活発になるので、貧しい人の生活も底上げされて、経済的な豊かさを享受できる人が増えるかもしれない。

しかし、その一方で、外国から安い商品がどんどん入るようになると、競争力のない国内産業が対抗できなくなって、衰退してしまう。そうなると、失業者も増えて、その国の経済全体が停滞するかもしれない。

競争力をつけるために企業経営の合理化が求められ、リストラや賃金の削減、福祉の切り捨てなどが起き、国民の生存権が脅かされる恐れもある。

また、先進国の企業が、途上国の安価な労働力や資源を使って生産し、その生産物を先進国の消費者に高く売るという構造が出来上がる。そうなると、先進国と途上国の南北格差がさらに拡大し、途上国の人はますます貧しくなる恐れもある。

このように見てくると、グローバル化によって推進されるさまざまな現象が、立場や状況に応じてプラスにもなりマイナスにもなることがわかるだろう。

どちらの立場で書くにせよ、グローバル化の両面を踏まえて論じることが大切だ。

解答例 1

【賛成】グローバル化によって途上国も発展する

経済のグローバル化が急速に進んでいる現在、それに対する批判の声も高まっている。はたして、経済のグローバル化は本当に好ましくないのだろうか。

確かに、グローバル化が進むことで、先進国と途上国の格差がさらに拡大しているという指摘もある。先進国が途上国の安い労働力と資源を利用して一方的に利益を得ているという批判も、あながち的外れとはいえない。しかし、それでも、グローバル化が進むのは決して悪いことではない。

グローバル化によって、これまでまともな産業がなかった途上国にも、先進国の資本が投入され、経済基盤が築かれつつある。市場が一体化することで、これまで世界経済の発展から取り残されてきた国にもチャンスが訪れ、それを利用して着実に経済発展を遂げているケースも少なくない。いまだに先進国が途上国を搾取している構造があるとはいえ、途上国の経済成長は先進国にとっても市場の拡大につながるので、結局は途上国の発展の後押しになるはずだ。その意味で、経済のグローバル化は、トータルとしてはメリットのほうが大きいのである。

このように、私は経済のグローバル化が進む現状は好ましいと考える。

解答例 2

【反対】グローバル化による経済格差の拡大

近年、経済のグローバル化が急速に進んでいるが、こうした現状は、はたして好ましいのだろうか。

確かに、グローバル化によって、かつてに比べて世界経済が大きく成長していることは否定できない。その中から、中国やインド、ブラジルなどのように、著しい発展を遂げている国もあらわれている。その意味で、グローバル化を一方的に批判することはできないが、だからこそ、グローバル化のもたらす負の面をもっと見据える必要がある。

グローバル化が進むと、世界的に活躍する多国籍企業は、外国の安い労働力が使えるようになるため、先進国でも非熟練労働者は途上国並みに賃金が引き下げられる恐れがある。一方、途上国では、グローバル化の恩恵を受けて豊かになる層がいる一方で、労働者はあいかわらず安価に使い捨てにされる傾向がある。とくに、グローバル化に対応できなかった多くの途上国では、多国籍企業の進出によって伝統的な産業基盤が破壊されて、貧困が進んでいるという面もある。このように、グローバル化によって経済格差はむしろ拡大しているといえるのだ。

以上のように、これ以上のグローバル化の進展は好ましくないと私は考える。

経済のグローバル化

理解のポイント

ヒト・モノ・カネのグローバル化

ここが使える

グローバル化とは、ヒト・モノ・カネが国境を越えて世界中に広がることだといわれている。これは、具体的にはどういうことなのだろうか。

ここが使える

モノのグローバル化というのは、貿易が拡大することで、ある国の商品やサービスが世界中に流通するようになることだ。

私たちはいまでは、とくに日本産／外国産という区別を意識しないで買い物をしている。実際、日本企業が海外に生産拠点を移して生産し、そこから日本に輸入されたものを日本人の消費者が普通に買っているという事態も起こっている。

ここが使える

カネのグローバル化により、日本の投資家や企業が海外の市場に投資する（またはその逆）のは当たり前になっている。世界の金融市場では、一日に何兆ドルものお金が動いており、ボーダレスなカネの動きが、世界経済を大きく揺るがすまでになっている。

ここが使える

ヒトのグローバル化というのは、労働者の移動のことだ。

日本では、外国人労働者を受け入れるべきかどうかが長年の問題になっている。

主に、福祉関係や肉体労働などの、日本人の若者が嫌がる仕事について問題になることが多いが、ITなどの知的労働についても、外国人の優秀な人材をいかに獲得するかが今後ますます重要になってくる。

楽天などのグローバル展開をめざす企業が、英語を社内公用語にしようとするのは、そうすれば外国人の優秀な人材を獲得しやすくなるからだ。

外国人に日本語を習得させるのは大変だが、会社で使う言葉そのものを英語化してしまえば、日本人と外国人との間に壁がなくなる。

そうなると、国籍にかかわらず、純粋に能力だけの評価で人材を雇用できるようになる。

こうしたことが、さらにヒトの移動を後押ししている。

グローバル化が進んだ背景は?

経済がグローバル化した背景として、1990年代の冷戦構造の解体がよくあげられる。

第二次世界大戦後、世界はアメリカとソ連という二大大国を中心に、資本主義陣営と社会主義陣営に分かれた（冷戦構造）。アメリカ型の市場経済とソ連型の計画経済という、経済体制が異なる2つの巨大市場が並び立っていたわけだ。

ここが使える

ところが、**計画経済体制が破綻し、ソ連を中心とする社会主義圏が崩壊したために、1990年以降、アメリカ主導の市場原理によって世界経済の一体化が進んだ。**

ここが使える

それと同時に、**輸送技術や通信技術の発達によって、ヒト・モノ・カネの移動が格段に容易になったことも、経済のグローバル化を促す要因になった。**

グローバル化が進んだことで、世界経済の規模は格段に大きくなっている。

近年、かつての途上国（中国、インド、東南アジア諸国など）が急速な経済成長を果たしているのも、グローバル化によるところが大きいのは間違いない。

グローバル化にも負の側面がある――多国籍企業の功罪

一方で、グローバル化がもたらす負の側面にも目を向ける必要がある。

ここが使える

グローバル化を進めているのは、いわゆる多国籍企業の存在だ。

多国籍企業の多くは、コストの安い開発途上国で、安く原材料を仕入れ、安い人件費で労働者を雇って商品を生産する。そして、それを先進国で高い値段で売る。その差額で莫大な利益を得るわけだ。

この状態が固定されると、いったいどうなるか。

原材料費も賃金も安く抑えられたままなので、途上国の労働者にはほとんど利益が還元されない。利益の大半を享受するのはあくまで先進国の人間で、そのために先進国と途上国との経済格差はますます大きくなっている。

同時に、「7 雇用の流動化」の項目でも解説するように、先進国の内部でも、グローバル化によって非正規雇用が増え、格差が広がっている現状がある。

ここが使える

このように、**グローバル化には、世界中で格差と不平等を拡大しているという負の側面があることも忘れてはならない。**

金融市場のグローバル化がもたらすもの

もうひとつ注意するべきなのは、カネの移動がもたらす問題だ。

先にも述べたように、いまや海外への投資は当たり前になり、世界の金融市場では巨額のお金が日々動いている。つまり、それだけ一国のカネの動きが、世界全体に大きな影響を与えるようになってきている。

その典型例が、２００８年のリーマン・ショックがきっかけとなった世界同時不況だ。

ここが使える

リーマン・ショックは、あくまでもアメリカの住宅バブル崩壊が引き起こした出来事だったが、それが瞬く間にヨーロッパに飛び火し、やがて世界中に不況の波が広がった。

アメリカの住宅ローン債券を、ヨーロッパの銀行などが大量に購入していたからだ。

そのため、アメリカの住宅バブルが弾けると、たちまちヨーロッパの銀行も資金繰りに困り、不況の波に巻き込まれていった。

最初は、日本への影響はあまりないと見られていたが、日本の金融機関の中にもアメリカの住宅ローン債券を購入している銀行があることがわかった。また、欧米の不況が悪化すれば、日本の商品も海外で売れなくなるので、日本国内の不況も深刻になった。

ここが使える

このように、**カネのグローバル化によって、いまや一国の金融危機が世界中の経済に深刻な影響を及ぼすようになっている**のだ。

6 貿易の自由化

世界経済の拡大とグローバル化を推し進めてきたのが、貿易の自由化だ。だが、そこには負の面もある。貿易とはそもそも何か、なぜ貿易の自由化が進んできたのか、そこにはどんな落とし穴があるのか。グローバル化する経済を考えるうえで、ぜひとも知っておいてほしい問題だ。

課題

近年の日本では、ＴＰＰ（環太平洋戦略的経済連携協定）への参加の是非をめぐって議論が戦わされています。日本がＴＰＰに参加することについて、あなたはどう考えますか。６００字以内で論じてください。

課題の解説

ＴＰＰ（環太平洋戦略的経済連携協定）とは、アメリカを中心として、太平洋を取り巻くおよそ10ヶ国の間で、関税（主に輸入品に課せられる税金）や非関税障壁（関税以外に貿易を制限する諸条件や諸規制）をなくし、貿易を全面的に自由化しようとするものだ。

ＴＰＰに参加すべきかどうかは国内でも議論が分かれており、容易に決着しそうにない。日本がＴＰＰに参加することのメリット・デメリットを考えてみよう。その際、ＴＰＰなどの経済連携協定の目的が、関税や規制などの障壁をなくすことで、各国の企業が自由に競争できるようにすることにあるという大原則を忘れてはいけない。

まずわかりやすいのは、貿易の自由化によって、海外の安い商品やサービスが日本に入ってくることだ。これは、消費者にとってはメリットになる。

それと同時に、日本の輸出産業にとっては、海外市場に進出して、質の高い商品で競争をするチャンスが増える。貿易立国しか道のない日本にとっては、市場を開放して国際競争力をつけ、経済のグローバル化をより積極的に進めるきっかけにもなるだろう。

一方、デメリットとしては、海外の安い商品やサービスが入ってくることで、日本の商品が売れなくなり、国内産業が衰退する危険があることだ。

とくに問題になっているのが、日本の農業へのダメージである。海外の安い食料品が入ってくれば、日本の農業が壊滅的な打撃を受け、立ち行かなくなる恐れがある。そうなると、日本の食料自給率もさらに低下し、食料危機に陥る危険も考えられる。

さらに、医療が自由化すると、日本の国民皆保険制度が「非関税障壁」に当たるとされ、撤廃させられる恐れもある。そのかわりに、アメリカ型の保険サービスが主流になれば、貧しい人は保険に入れず、満足に医療が受けられなくなるかもしれない。

また、人の移動も活発になるので、低賃金の外国人労働者が増えて、日本人の雇用が奪われるといったことも考えられる。

いずれにせよ、ＴＰＰのように貿易の自由化を徹底すれば、同時に国際間の競争の自由化にもつながることをよく考えたうえで、メリット・デメリットを判断することが大切だ。

解答例 1

【賛成】TPP参加をきっかけにグローバル化を進めるべき

近年、日本のTPPへの参加の是非が大きな問題になっているが、はたして日本はTPPに参加するべきだろうか。

確かに、貿易の自由化によって、海外の安い商品やサービスが入ってくれば、競争力の弱い産業が衰退する恐れもあるかもしれない。とくに、コストの高い日本の農業が壊滅的な打撃を受ける恐れがある。そうならないように対処する必要があるのは間違いない。しかし、原則としては、TPPへの参加を進めるべきだと私は考える。

日本は資源が乏しいので、技術力を高めてものづくりをし、それを海外に売ることでしか経済が成り立たない。そのためには、できるだけ国内市場を開いて貿易を自由化し、国際競争力を高めていくしかない。もともと、日本の製造業は評価が高く、品質の高さには定評がある。TPPによって関税が撤廃され、海外での販売価格が下がれば、国際競争力も高まるはずだ。そうなれば、日本経済を再び活性化させるためのきっかけにもなるだろう。そのためにも、TPP参加をきっかけにして、日本経済のグローバル化をもっと積極的に進めていくべきだ。

以上のように、私は日本のTPPへの参加に賛成である。

解答例 2

【反対】日本の農業を守るべき

日本のＴＰＰへの参加の是非が近年大きな問題になっているが、はたして日本はＴＰＰに参加するべきだろうか。

確かに、製造業にとっては、ＴＰＰへの参加はある程度メリットがあるかもしれない。日本のものづくりは、もともと評価が高い。関税の撤廃によって、日本の製品が安く海外市場に出回るようになれば、日本の製造業も国際競争力を高められるかもしれない。しかし、全体としては、ＴＰＰ参加によるデメリットのほうがはるかに大きい。

関税が撤廃されれば、海外の安い商品やサービスが日本に入りやすくなる。とくに深刻な影響が考えられるのが農産物だ。アメリカなどでつくられる安い農産物が、これまで以上に日本に入ってくるだろう。とくに、日本人の主食である米は、現在は高い関税によって守られているが、米まで自由化されてしまうと、海外から安い米が大量に入ってきて、日本の農業は壊滅的な打撃を受ける恐れがある。そうなると、ただでさえ低い食料自給率がさらに低くなり、日本の食料は海外からの輸入に全面的に頼るしかなくなってしまう。輸入先の食料事情や政治経済的状況の変化によって、国内の食料の安定供給が不可能になってしまうことも考えられる。

以上のように、私は日本のＴＰＰへの参加には反対である。

貿易の自由化

理解のポイント

そもそもなぜ貿易が必要なのか?

ここが使える

貿易とは、国と国の間で行われる商品の売買のことだ。商品を外国に売ることが「輸出」、外国から商品を買うのが「輸入」ということになる。

貿易や輸出入というと、外国の自動車や家電製品を買ったり売ったりすることをイメージする人が多いかもしれない。

しかし、貿易で取引される「商品」の中には、目に見えるモノだけでなく、サービスも含まれている。だから、ハリウッド映画を日本の映画館で見られるようにするのも、海外の航空会社の飛行機を使って海外旅行をするのも、すべて「貿易」のうちに入る。

ここが使える

貿易が、国内の商売と最も異なるのは、取引を成立させるにあたって障害が多いことだ。

そもそも、輸送にコストがかかる。通貨が違えば、為替レートの変動によるリスクがある。言葉や商習慣が違うと、トラブルにもなりやすい。法制度の違いもある。

ここが使える

それでも、**貿易をするのは、日本にない商品や日本より安い商品を輸入したり、国内市場よりも大きな市場に輸出することで、さまざまなコストを上回る利益を得られるからだ。**

「自由貿易」と「保護貿易」

ここが使える

国際社会という観点で見れば、貿易のメリットは国際分業が可能になることだ。

各国が、それぞれ自国で割安に生産できる商品の生産を増やして輸出し、逆に割高になる商品の生産を減らしてその不足分を他国から輸入すれば、お互いに得をするだけでなく、世界全体の生産力が向上する。そのためには、国が規制をしないで、各国間でできるだけ自由に貿易ができるようにする必要がある。

とはいえ、こうした自由貿易には問題点もある。

貿易を自由化すると、外国から安くて質のいい商品が輸入されて、国内でつくった商品が売れなくなるかもしれない。そうなると、国内の産業がつぶれてしまう。

そのため特定のモノやサービスについては輸入品に高い税金（関税）をかけて、事実上の輸入規制をする。そうすれば、国内産業は外国の企業と競争する必要がなくなるわけだ。

ここが使える

このように、**自国の産業を守るために国がさまざまな規制をかける貿易のやり方を「保**

護貿易」という。そして、現実に行われている貿易には、常に「自由貿易」の要素と「保護貿易」の要素が混在していることを忘れてはいけない。

ここが使える

ブロック経済から第二次世界大戦へ

1930年代、世界的な大恐慌にみまわれて、イギリス、アメリカなどの主要国はそれを乗り切るために、保護貿易化の動きを強めて、ブロック経済化した。

つまり、イギリス、アメリカなどの強国は、同盟国や植民地とそれぞれ排他的な経済圏(ブロック)をつくり、ほかのブロックからの輸入品には高い関税をかけて、市場から締め出した。そうすれば、世界不況の影響が国内に及ぶのを防ぐことができるからだ。

そのかわり、いくつかのブロック市場が分立するので、世界全体としては市場が縮小し、生産力も低下した。世界的に見れば、不況の影響はますます深刻になったわけだ。

しかも、日本やドイツのように植民地の少ない後発の列強は、イギリスやアメリカのように十分にはブロック化できないので、たちまち経済的に行き詰まってしまった。

そのため、植民地の拡大に乗り出して、英米との対立を深めていき、やがて第二次世界大戦へとつながっていった。

自由貿易圏の試み――ASEAN、NAFTA、EU、東アジア共同体、TPP

ここが使える

第二次世界大戦後、ブロック経済が戦争を招いた反省を踏まえて、国際的な自由貿易体制が確立された。モノやサービスだけでなく、資本の移動もできるだけ自由化することで、貿易の規模は急激に拡大し、世界経済は大きく発展していった。

ここが使える

日本の戦後の復興と高度成長も、国際的な自由貿易体制が背景にあるのは間違いない。

ただし、貿易の急速な自由化にはデメリットもあるのも事実である。

国内産業が発達していない開発途上国にとっては、輸入が増えるばかりで、貿易赤字が拡大し、また国内産業もなかなか発展しないという悪循環が生じがちだ。それによって、先進国と途上国との経済的な格差が、ますます拡大しているという現状がある。

また、競合する産業をもつ国同士では、自由化が進めば進むほど、利害の対立も激しくなる。世界経済の規模が大きくなるほど、そうした利害関係の調整も難しくなってきた。

ここが使える

そのため、**近年、利害の一致する国や地域の間だけで関税などの規制を撤廃し、貿易の自由化を進める動きが活発になっている。東南アジアのASEANや北米のNAFTAが代表例だが、EU（ヨーロッパ連合）や、近年構想されている東アジア共同体も、そうし**

ここが使える

た自由貿易圏のひとつといえる。

ＴＰＰも環太平洋の諸国間で自由貿易圏をつくる試みだと捉えれば、わかりやすい。

これらは、まず利害の対立の少ない地域内で貿易の自由化を進めることで、世界経済のいっそうの自由化と拡大をめざす試みであるのは間違いない。

貿易自由化の落とし穴

だが、こうした一連の動きに対して警戒する声も大きい。

自由貿易圏の考え方は、域内の貿易を徹底的に自由化しようとするものだが、そうなると、日本の農業のように、競争力のない産業は、安い外国商品に押されて壊滅的な打撃を受ける恐れがある。また、医療サービスのように、公的サービスの領域にまで自由化が及べば、国民の生存権が脅かされることにもなりかねない。

さらに、こうした動きが、戦前のブロック経済の再現へとつながるのではないかという声もある。

ここが使える

ブロック経済化がどんな弊害をもたらすかは、現代史を振り返れば誰もがわかることなので、保護主義の拡大を招かないように、いっそうの注意が必要だ。

7 雇用の流動化

「雇用の流動化」は、経済のグローバル化がもたらした大きな問題のひとつだ。また、これは格差の問題とも結びついていて、現代社会のさまざまな問題点を理解するうえでも大切なテーマといえる。とくに近年、出題されることが増えているので、何が問題なのかをしっかりと理解して頭に入れておいてほしい。

課題

近年、雇用制度改革の必要性が唱えられ、解雇規制を緩和して、正社員をもっと解雇しやすくすべきだとの声が産業界から高まっています。

あなたはどう考えますか。600字以内で論じなさい。

課題の解説

日本では厳しい解雇規制が設けられていて、正社員はなかなか解雇できないようになっている。

解雇規制が厳しいことのメリットは、雇われている側にとっては、将来にわたって生活の安定が見込まれるので、長期的な生活のビジョンを立てやすいことだろう。

逆に、いつ解雇されるかわからないような状況では、将来への不安が大きいので、たとえば住宅ローンを組むこともできない。そうなると、住宅市場が縮小して、経済全体に悪影響が及ぶ恐れがある。

もちろん、企業が好き勝手に解雇できるようでは、従業員の生存権が脅かされるので、そうした人権面でも、簡単に解雇できることには大きな問題があるだろう。

しかし、企業や経済全体から見れば、厳しい解雇規制には次のような問題点もある。

まず、企業の業績が悪化して経営が苦しくなっても、なかなか社員を解雇できないので、人件費を削減してコストカットすることができない。そのため、企業は業績を回復できず、最悪の場合、倒産する恐れもある。そうなると、従業員も失業するわけだから、結局はすべての従業員にとってマイナスになる。

同じ理由で、とくに不況時には、企業は正社員を雇うことに慎重にもなるだろう。そのかわり、解雇しやすい非正規雇用の労働者を雇うことになる。

そのため、正社員は過重労働になる一方で、賃金の低くて身分保障のない非正社員が増え、格差が広がる。解雇規制が緩和されれば、企業も正社員を雇いやすくなるので、失業率も改善され、格差の拡大も抑えられるわけだ。

ただ、そのためには、新卒しか採用せず、一度離職したらなかなか再就職できないといった日本企業の慣行を、まずはなんとかする必要があるともいえる。

イエスの場合は、そうした問題もきちんと踏まえたうえで論じることができれば、説得力のある内容になるはずだ。

解答例 1

【賛成】規制緩和するほうが、失業率が減る

近年、雇用制度の改革が盛んに議論されているが、解雇規制を緩和して、正社員をもっと解雇しやすくするべきなのだろうか。

確かに、簡単に解雇できるようでは、従業員は将来が不安で、落ち着いて仕事に取り組むこともできない。経営者の勝手な都合で解雇できるような制度では、人権の面でも問題があるので、それは避ける必要がある。しかし、再就職をしやすくするなどの条件を整えたうえであれば、解雇規制は緩和するほうがいい。

不況が続くと、企業の経営が悪化して、倒産の危機に見舞われることもあるだろう。その際、解雇規制が厳しすぎると、企業は正社員をなかなか解雇できないので、人件費を削減してコストカットすることができない。その結果、倒産して失業者が増える可能性がある。また、解雇しにくいために、正社員の新規採用を控える企業が増え、それによって就職できない若者が増える恐れもある。解雇規制を緩和して、もっと解雇しやすい制度にすれば、逆に景気が少し回復すれば人を雇うことも容易になるので、失業率も低くなる。このように、ある程度解雇がしやすいほうが、結果的に社会にとってプラスになることが多いのだ。

したがって、私は解雇規制をもっと緩和するほうがいいと考える。

解答例 2

【反対】規制緩和をしないほうが、人材育成につながる

近年、解雇規制を緩和して、正社員をもっと解雇しやすくするべきだという声が高まっているが、はたしてそのようにするべきだろうか。

確かに、解雇規制が厳しすぎると、正社員を雇いにくくなるので、非正規雇用が増え、結果的に格差が広がるなどの問題もある。正社員と非正社員の経済格差は深刻な問題なので、その点はよく考える必要がある。しかし、だからといって、解雇規制を緩和していいことにはならない。

企業にとって、正社員は貴重な人的資源であって、簡単に使い捨てのできる存在であってはならない。とくに日本企業では、仕事を通じて社員を教育し、技術を身につけさせ、会社に貢献できる人材に育てることで、競争力をつけてきた。にもかかわらず、解雇規制を緩和してしまえば、社員は自分もいつ解雇されるかわからないので、将来への不安を抱えたまま仕事をすることになる。それでは、技術力を身につけて会社に貢献しようというモチベーションも上がらないだろう。天然資源がなく、人の力に頼って成長してきた日本企業にとって、人材を生かし切れないのは致命的なデメリットになりうるはずだ。

このように、私は解雇規制を緩和するべきではないと考える。

雇用の流動化

理解のポイント

雇用の流動化とは?

1990年代以降、日本でも「雇用の流動化」と呼ばれる現象が問題になってきている。

ここが使える

「雇用の流動化」とは、簡単にいえば、転職する人が増えることだ。

戦後の日本では、従来、新卒者を一度採用したら定年まで雇用しつづける「終身雇用」が一般的だった。ここが使える

「終身雇用」という雇用慣行が、「日本的経営」として、日本経済の発展を支えてきた側面は否定できない。

しかし、グローバル化・情報化が進み、日本経済を取り巻く状況が大きく変わると、企業においてもアイデアの独創性や意思決定のスピードが求められるようになった。

そうなると、従来の終身雇用に支えられた安定した企業と労働者との家族的な関係はかえって組織を硬直化させ、時代の動きに対応しにくいものにしてしまう。

企業が状況に応じて求める人材を雇い、また労働者の側も、自分の能力に応じて転職を

重ねることで、キャリアアップができる。そうしたやり方がうまくいけば、日本経済が活性化するのは間違いない。

雇用の流動化の実態は、非正規雇用の増加

だが、日本では、実際に転職してキャリアアップしている人は少ない。むしろ、雇用の流動化でいま問題になっているのは、非正規雇用の増加だ。

グローバル化が進み、日本の企業も国際競争力を上げて生き残りを迫られるようになると、いったん採用するとなかなか解雇できない正社員をとることに対して慎重になる企業が増えていった。**正社員の採用が減る一方で、非正規雇用の労働者が増え、いまでは全労働者の三分の一を超えるまでになっている。**

ここが使える

非正規雇用とは、期間を限定して、比較的短期間で契約する雇用形態のことだ。

ここが使える

通常、契約期間は数ヶ月から2〜3年の間で、いわゆるアルバイト、パートタイムだけでなく、契約社員、派遣労働者なども含まれる。通常の雇用（正規雇用）と違って、賃金が安くて昇給や社会保険もない場合が多く、解雇しやすいのが特徴だ。

コストカットしたい企業にとっては、同じ仕事ができるのであれば、正社員よりも非正

規雇用の労働者を雇うほうが人件費を抑えられる。経営不振になれば簡単に解雇できることも、メリットになる。そのため、非正規雇用が急激に増加したわけだ。

ここが使える

非正規雇用の労働者には身分の保障がないので、最低限の生活を強いられることも多い。

２００８年のリーマン・ショック以降、景気の悪化に伴って真っ先に解雇され、「派遣切り」として社会問題にもなった。また、将来への不安を抱えているので、結婚や出産に踏み切れない若者も多く、

ここが使える

非正規雇用の増加が少子化をいっそう促進しているという側面も否定できない。そうした点から、非正規雇用の増加には、社会的な批判が大きい。

その一方で、そうした規制緩和がなければ、失業者がもっと増えていたという可能性も考えなくてはいけない。

ここが使える

不況時には、企業は、賃金が高く解雇しにくい正社員をそうそう雇うことはできない。解雇しやすい非正社員だからこそ、企業も簡単に雇えるし、それが社会全体としては失業者を減らすことにもつながるという見方もあるわけだ。

正社員と非正社員の格差問題――生涯収入格差は1億6000万円!?

雇用の流動化によって非正規雇用が増えたために、正社員（正規雇用の社員）と非正社

員（非正規雇用の社員）との格差が問題になっている。

正社員と非正社員とでは、同じ時間、同じ労働をしても、賃金が大きく異なる。

ここが使える

非正社員には社会保険がない場合も多く、簡単に解雇できるので、身分の保障はない。そのため、たとえば新卒者が正社員になるのと非正社員になるのとでは、生涯収入格差が1億6000万円にも及ぶといわれている。

こうした**正社員と非正社員の格差が生まれるのは、日本では、正社員の権利が厚く保護されているから**だ。たとえ経営不振になって人件費を低く抑えたくても、正社員はなかなか解雇しにくく、賃金を引き下げることも難しい。

ここが使える

とくに、勤続年数が増えると自動的に賃金が上がっていく年功序列賃金制の下では、昇給のない非正社員との収入格差は広がる一方になる。

「同一労働、同一賃金」と「ワークシェアリング」

もちろん、すべての労働者が正規雇用になれれば、それが最も望ましい。しかし、今後ますますグローバル化の進む日本においては、そうした状況は考えにくい。だとすれば、正社員と非正社員の格差をできるだけなくす方向に向かうしかない。

そのために、いくつかの対策が提唱されている。

まず、「同一労働、同一賃金」の考え方だ。

ここが使える

日本では、同じ労働をしても、正社員と非正社員とでは賃金が異なる。それをやめて、同じ労働であれば賃金も同じにするというのが「同一労働、同一賃金」の考え方だ。

もうひとつは、「ワークシェアリング」だ。

ここが使える

不景気になると仕事の量自体は増やせないので、ひとりあたりの労働時間を減らし、そのかわりにひとりでも多くの人を雇うというのが「ワークシェアリング」だ。

もちろん、ひとりあたりの賃金が減るのはやむを得ないが、そのかわり、失業率は減り、格差の問題も解消する。

ただし、いずれのやり方も、年功序列賃金制をはじめとする従来の日本的経営と対立するので、たんに上からの規制で変えることは難しい。

また、当然だが、すでに正社員として働いている労働者からの反発も大きい。

ここが使える

全労働者の賃金の総額が変わらない以上、「同一労働、同一賃金」も「ワークシェアリング」も、正社員にとっては賃金の目減りを意味するだけなので、受け入れにくい。

そのため、日本ではこれらの制度の導入は進んでいないのが現状だ。

8 雇用における男女格差

日本は男女共同参画社会の実現をめざしているが、それでも国際的に見ると、日本の社会にはまだまだ男女の間に格差が存在しており、改めるべき点が多い。とくに労働における男女格差が、早急に改善すべき課題として指摘されている。若い世代こそ、問題意識をもっておく必要がある。

日本では、以前に比べると、女性の社会的地位が向上しているように見えますが、国際的には、男女格差がまだまだ大きいという結果が出ています。２０１３年のＯＥＣＤの報告では、労働における男女格差が、日本は加盟国中、最低レベルだとされています。

日本社会では、なぜ労働の男女格差が大きいのでしょうか。また、こうした男女格差をなくしていくには、どうするべきでしょうか。

次の資料も参考にしながら、あなたの意見を６００字以内で述べなさい。

資料1　女性の年齢階級別労働力率の推移

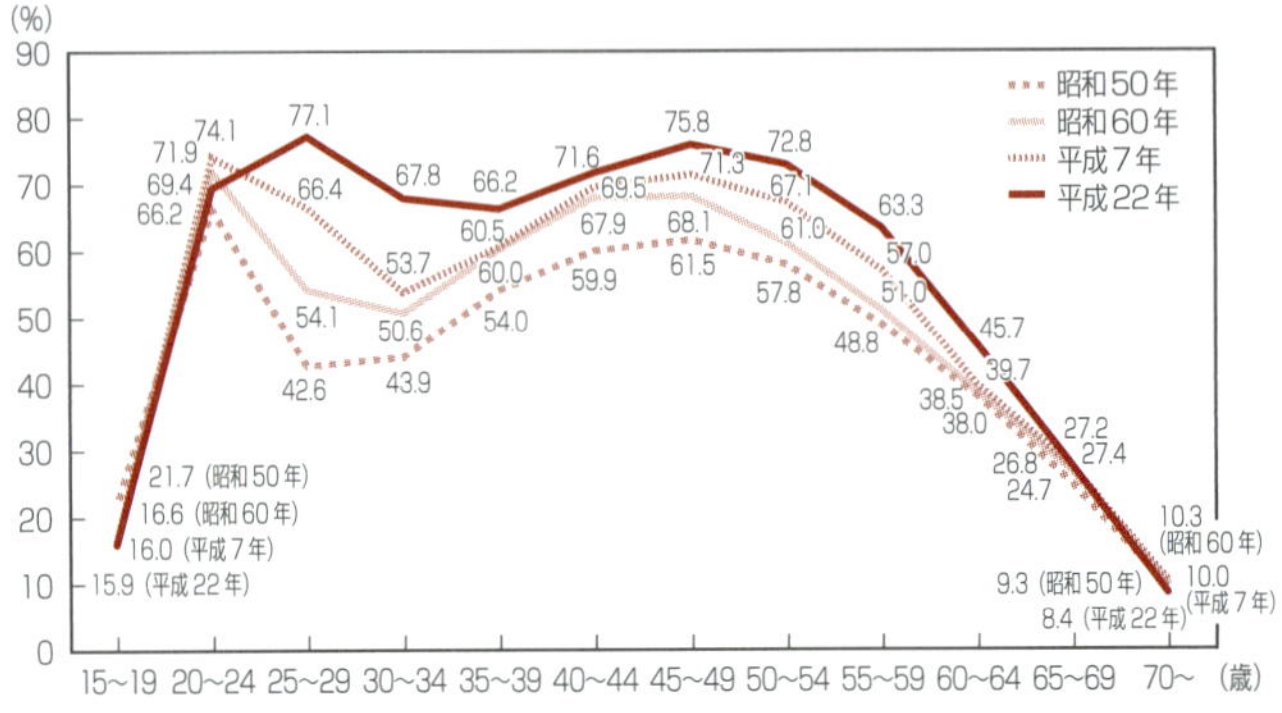

（備考）1．総務省「労働力調査」より作成。
2．「労働力率」…15歳以上人口に占める労働力人口（就業者＋完全失業者）の割合。
出所：『平成23年版　男女共同参画白書』

資料2　「夫は外で働き、妻は家庭を守るべきである」といった考え方について（性別）

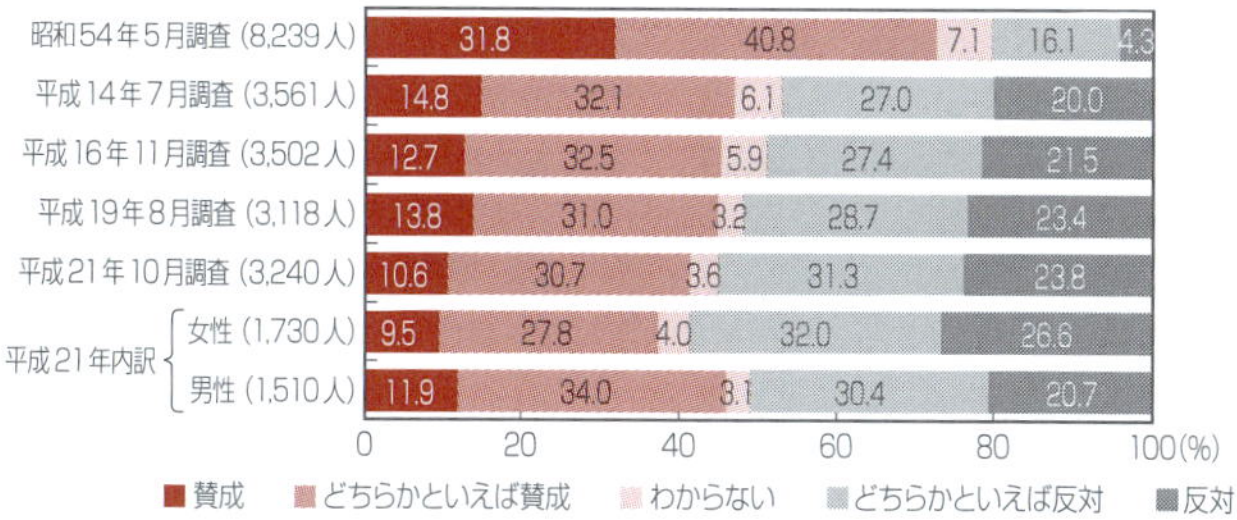

（備考）内閣府「男女共同参画社会に関する世論調査」等により作成。
出所：『平成23年版　男女共同参画白書』

資料3　男性の育児休業取得率の推移

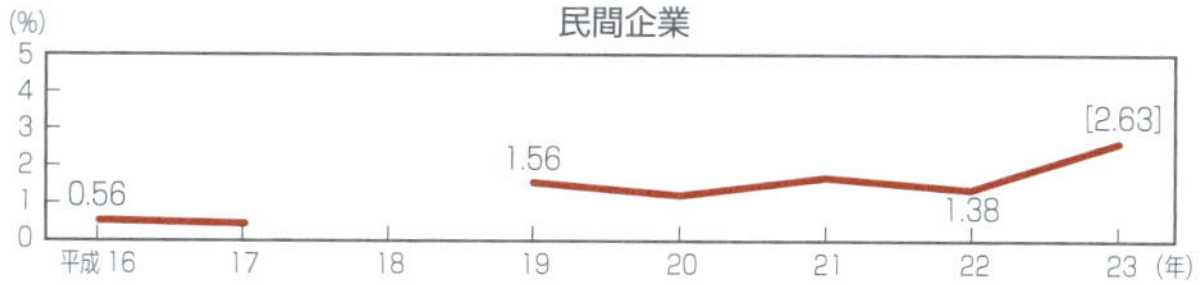

（備考）1．厚生労働省「女性雇用管理基本調査」より作成（調査対象「常用労働者5人以上を雇用している民営事業所」）。ただし、平成18年は、調査対象が異なる（「常用労働者30人以上を雇用している企業」）ため計上していない。19年以降は厚生労働省「雇用均等基本調査」による。
2．調査年の前年1年間に配偶者が出産した者のうち、調査年10月1日までに育児休業を開始（申出）した者の割合。
3．平成23年の［　］内の割合は、速報値であり、東日本大震災のため、岩手県、宮城県及び福島県を除く全国の結果。

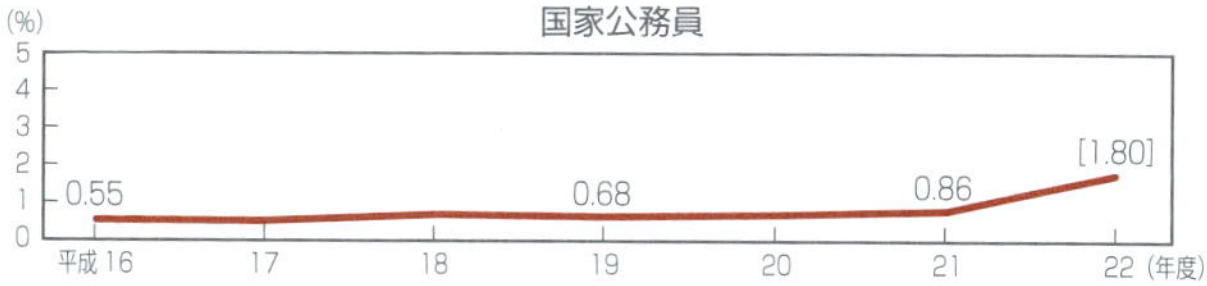

（備考）1．総務省・人事院「女性国家公務員の採用・登用の拡大状況等のフォローアップの実施結果」より作成。また22年度は、「一般職の国家公務員の育児休業等実態調査及び介護休暇使用実態調査の結果について」、及び防衛省調べより作成。
2．当該年度中に子が出生した者に対する当該年度中に新たに育児休業を取得した者（再度の育児休業者を除く）の割合。
3．平成22年度の［　］内の割合は、東日本大震災のため調査の実施が困難な官署に在勤する職員（850人）は含まない。
出所：『平成24年版　男女共同参画白書』

資料がついている問題では、まずその読み取りをする必要がある。

資料1は、女性の就労率が年齢によって異なることを示しているが、とくに特徴的なのはグラフの曲線がM字を描いていることだ。

平成22年のM字曲線は、それまでと比べると、だいぶ緩やかになってきているものの、それでも30代のあたりで就業率がいったん落ち込む形になっている。これは、結婚や出産を機に一度離職する女性がまだまだいることを意味している。

資料2は、男女の役割分担についての意識調査の結果だが、平成21年度では、「夫は外で働き、妻は家庭を守るべきである」という考え方に肯定的な人が、昔より減ったものの、それでもまだ半数近くいることがわかる。

資料3は、解説するまでもなく、公務員でも民間の企業でも、男性が育児休暇をとる率が低すぎる、つまりは女性が育児休暇をとるか、もしくは離職する率が高いことを示している。

3つの資料から読み取れることを総合すると、「日本では、昔よりも多少改善されてきてはいるものの、女性が結婚もしくは出産・育児の際に離職するケースが少なくなく、また、離職しないとしても、育児休暇をとるのは女性が圧倒的に多い。それは、男女の役割分担の意識がまだ根強く残っているからだ」となるだろう。したがって、労働における男女格差も、このあたりに原因があるはずだと考えられる。

3つの資料を読み取ったうえで、では何をどう論じればいいだろうか。

まず、「問題提起」では、資料から読み取ったことを簡潔に示したうえで、「労働における男女格差を少なくするには、男女の役割分担の意識をなくしていくべきである」と、はじめに結論づけてしまうと論じやすいだろう。

なお、男女の役割分担は必ずしも悪いことではないので、是非論が成り立つけれども、今回の課題は男女格差の改善策を示すように求めているので、あくまでもそれに従おう。

そして、「展開」部分では、日本の男女格差について分析や批判をするといいだろう。日本では、男女の役割分担意識がまだまだ強いため、女性は男性に比べると、教育の段階で、理系の大学や、卒業後出世しやすい有名大学に進学する割合がまだまだ少ない。

それに、日本は依然として男性優位の社会であり、とくに上の世代に女性に対する偏見が根強くあるので、女性は能力があっても出世しにくい。また、若い世代の間にも、専業主婦願望がまだ根強く残っている。

このようなことを取り上げて論じるといいだろう。

解答例 1

家庭や学校での教育を改めるべき

三つの資料からは、「日本では、女性が結婚や出産・育児の際に離職するケースが少なくなく、離職しない場合も、育児休暇をとるのは女性が圧倒的に多い。それは、男女の役割分担の意識がいまも根強く残っているからだ」ということが読み取れる。私は、男女の役割分担の意識をなくしていくことが、労働における男女格差の改善につながると考える。

確かに、男性が外で働き、女性が家庭を守るという男女の役割分担は、必ずしも悪いわけではないだろう。それは一種の分業ともいえるからだ。しかし、そうした男女の役割分担の意識が男女格差を生じさせていることを理解しなければならない。

日本の家庭では、親は娘に対して、社会で出世するよりも、結婚して幸せな家庭を築くことを望みがちだ。それが影響してか、女性は教育の段階で、将来的に高収入の得られる職につきやすい進学コースを選択するケースが男性ほど多くなく、理系の大学やエリート大学に進む女性の割合は男性より低いのが実情である。これは、女性の能力の社会的な活用という点では大きなマイナスだ。女性の能力を社会の中で十分に発揮してもらうには、まずは家庭や学校において、男女の役割分担意識を植え付けることをやめるべきである。

以上のことから、女性の職業選択を狭めかねない男女の役割分担意識をなくしていけば、労働における男女格差も縮まっていくと考える。

解答例 2

男性優位の社会を改めるべき

　資料1からは、「日本では、三十代の女性の就業率が一時的に下がるが、これは結婚や出産・育児の際に離職するケースが少なくないからだ」ということがわかる。また、資料3からは「育児休暇をとるのは女性が圧倒的に多い」ことが読み取れる。それは、資料2が示すように、男女の役割分担の意識がいまも根強く残っているからだろう。私は、労働における男女格差を縮めるには、男女の役割分担の意識をなくすことが必要だと考える。

　確かに、労働における男女格差には、もっと直接的な原因があるかもしれない。たとえば、女性の賃金を男性よりも不当に安くしている企業があるといったことだ。しかし、労働における男女格差は、やはり男女の役割分担の意識によるところが大きいと考える。

　男女の役割分担の意識は、ともすると女性差別につながりがちだ。日本はまだまだ男性優位の社会であり、社会的に高い地位にあるのは男性のほうが多い。そのため、企業などの組織の中では、男性のほうを優遇しがちになる。また、家庭をもつ女性は、残業や転勤を嫌う傾向があり、たとえ有能であっても、企業の側からすると、出世させにくいといった面もある。こうした実情があるからこそ、男性は育児休暇をとりにくくなり、結果として、労働における男女格差が生まれてしまうのだ。

　したがって、男女の役割分担の意識を変えることが男女格差の解消につながると考える。

雇用における男女格差

理解のポイント

深刻な男女間の労働格差――女性は教育費に見合うだけの労働生産を行えていない!?

経済協力開発機構（OECD）が2012年12月に発表した「ジェンダー・フォーラム」の報告書によると、**日本の男女間の給与格差は40歳以上では40パーセント、若い世代でも15パーセント程度ある**という。また、**上場企業の役員のうち女性の割合は5パーセント程度**であり、こうした結果は加盟国中、最低レベルだった。

ここが使える

OECDの同じ報告書によると、25歳から34歳では、男性の大卒者の割合が52パーセントなのに対して女性の大卒者の割合は59パーセントと、男性を上回っている。にもかかわらず、女性のほうが男性より給与が低く、昇進も難しいとなると、**女性は初期投資（つまり、教育費）に見合うだけの労働生産を行えていない**ということになる。

ここが使える

これでは、人的資本の有効活用にならない。社会全体として見た場合、大きな損失といってもいいほどだ。

ここが使える

こうした現実は裏を返せば、労働における男女格差をなくして、女性が十全に能力を発揮して働き、その正当な対価が得られるようになれば、それだけで日本のGDPを押し上げられるかもしれないことを物語っている。

それには、まず女性が結婚、出産、育児を理由に離職することがないようにする必要がある。国は、男性の育児休暇の取得率を上げるよう企業に促すほか、保育園の数を増やして待機児童をなくす、さらには保育費を無償にするなどの対策をとるべきだ。

また、やむを得ず離職したとしても、また正社員として復帰できるよう、行政が再就職を支援すべきだろう。そうしないと、生涯収入においても、男女格差が埋まらなくなってしまう。

ここが使える

また、日本の女性の就労率は全体で70パーセントほどだが、ほかの先進国や北欧諸国の中には80パーセントを超える国もあり、日本も女性の就労をさらに促す必要もあるだろう。

「男女雇用機会均等法」前後で女性の雇用状況は変わったけれども

1985年に成立した「男女雇用機会均等法」により、男女とも同じ条件で雇用されるようになった。

ここが使える

男女雇用機会均等法ができるまでは、女性の雇用は法律上、制限がついていた。

たとえば、女性の時間外労働（残業）、休日労働、深夜労働などを、男性と同じように行うことが制限されていたのだ。これは、女性保護のようにも受け取れるが、男女平等を原則とするなら、女性差別に当たる。

また、会社内では、女性社員は男性社員の補助という立場に置かれ、そのため賃金もはじめから男性社員より低く設定されていた。

こうした雇用のあり方が女性の労働意欲を減退させていたことは間違いない。それに伴い、「寿退社」といって、社内で早期に結婚相手を見つけて退社し、専業主婦になるのが、若い女性の理想的な人生ルートになった。

一方、「男女雇用機会均等法」の施行後は、女性も男性と同等に働くことが可能になった。それに加えて、バブル経済の崩壊以降、不況が長く続いたため、男女共働きの世帯が増えた。

しかし、先に述べたように、日本ではまだまだ女性の労働力が十分に活用されているとはいえない。

ここが使える

また、**日本は専業主婦の割合が、ほかの先進国に比べると高い。**

専業主婦が行う家事育児も立派な労働だが、その労働対価が夫の給与に含まれるので、社会の富を増やすことにつながらない。

むしろ、育児をできるだけ外注して（つまり、子どもを保育所などに預けて）、働きに出たほうが、世帯の収入が上がる。また、共働き世帯が増えれば、保育所も増え、雇用を増やすことにもなる。

ここが使える

女性が社会に出て働くことで、結果的に社会全体の富も増えるわけだ。

配偶者控除は本当に必要か？

そこで問題になってくるのが、配偶者控除である。

ここが使える

専業主婦および年間100万円ほどの賃金分しか働かないパート労働の主婦は、夫に扶養されていると見なされ、夫の給与のうち一定額分の税金が免除されるという仕組みが配偶者控除である。

男性は外で働き、女性は家庭を守るという男女の役割分担の意識が強かった時代には、配偶者控除が意味をもっていただろう。女性は、あくまでも男性に扶養されるべき存在として扱われていたわけだ。

しかし、現在では大卒の女性が増えて、男性と同じように働ける人も多い。それにもかかわらず、専業主婦を優遇する措置をとりつづけるのは、時代錯誤というほかない。

ここが使える

なかには、**配偶者控除があるせいで、フルタイムで働きたくても、制限額内に収まるようにしか働かない主婦もいる。**これでは社会全体にとってプラスには働かない。

それに、サラリーマンの平均年収が下がっている現在、専業主婦でいられるということは、それだけ夫が高収入であることを意味する。

ここが使える

だとするならば、**配偶者控除は高収入者の優遇措置になりかねないので、格差を広げないためにもなくすべきだ**という意見もある。

9 社会保障のあり方

近年、少子高齢化に伴う世代間格差が問題視されるようになってきた。とくに社会保障の面で今後、世代間格差が大きくなるといわれている。年金や健康保険の制度の見直しなど抜本的な改革を行わないと、世代間の対立が生じかねない。若い世代にとってこそ重大な問題なので、よく知っておく必要がある。

課題

高齢化が急速に進んでいる日本では、現在、社会保障の給付の約7割が高齢者にあてられています。現役世代の負担は年々増えつづけており、世代間の不公平が問題視されるようになっています。

これについて、あなたの意見を600字以内で述べなさい。

課題の解説

日本では、少子高齢化に伴い、高齢者向けの社会保障費が毎年増えつづけている。その社会保障費は、税金や現役世代が払っている保険料などで賄っている。

社会保障というのは本来、費用をどの世代も公平に負担し、またどの世代も公平に給付を受けられなければならないものだ。しかし、日本の場合は、給付が高齢者に大きく偏っている。それだけでなく、いまの若い世代は、将来高齢者になっても、負担した保険料に見合った給付が受けられなくなると考えられている。

こうした世代間の不公平さについて意見が問われているので、まずはそうした世代間格差を是正する必要があるかどうかを問題提起するのが正攻法だ。

ただし、この問いにノーで答えるには、「親世代を子世代が面倒を見るのは当然だ」といった道徳論に頼るしかなく、説得力がない。

したがって、イエスの立場に立ったうえで、不公平な社会保障制度がどんな問題をもたらすのかを論じるほうが賢明だ。できることなら、もう少し踏み込んで、そうした不公平を少なくするにはどういう方策が考えられるか具体的に示すといいだろう。

たとえば、現役世代への給付を増やすということも考えられる。

民主党政権下で、高校の授業料の無償化が実施されたが、そうした施策は教育費の負担を軽くするので、社会保障費の負担が重くても、家計内では高校の授業料の無償分が軽減される。そのようにして、世代間の不公平を少しでも減らしていくという方法もある。

この場合は、最初に「結論」として具体的な方策をズバリ示したうえで、それを第二段落以降で検討していく形にするといいだろう。

なお、国が高校の授業料の無償化のような施策を実際に行う場合には、その財源を確保しなければならない。

だから、本来なら財源の問題まで含めて議論すべきなのだが、そこまでの議論は入試レベルでは求められない。

細かい財源の問題は度外視し、考えうる施策を示すだけで十分だろう。

解答例 1

世代間の格差は制度自体を破綻させる

少子高齢化の影響により、現行の社会保障制度のままでは、若い世代やこれから生まれてくる将来世代ほど社会保障費の負担が大きくなる一方で、給付はいまの高齢者よりも少なくなるといわれている。こうした世代間の格差は不公平だという見方があるが、何か対策をとる必要はあるのだろうか。

確かに、年金や医療保険などは、あくまでも国民の助け合いの制度なので、損得勘定で不公平かどうかを判断すべきものではないという意見もある。しかし、世代間の格差が大きくなりすぎると、制度自体が機能しなくなる恐れがある。

年金に限っていうと、国民年金の不払いが増えているのは、不公平な制度に対する不信感が原因だということもできる。とくに国民年金の負担は、所得に応じた負担ではなく一律なので、低所得者にとっては重い負担となる。そのため、払いたくても払えない、あるいは払わなくても、いざというときは生活保護があるので故意に払わない人が増えてしまう。「生活保護を受けたほうが得だ」と考える人が多くなると、モラルハザードが起き、年金制度そのものが破綻しかねない。

したがって、世代間で負担の不公平感が生じないような社会保障制度に早急に変える必要がある。

解答例 2

子育て世代への支援を充実させるべき

日本では、社会保障の給付が高齢者に偏り、現役世代の負担が重くなっているため、世代間の不公平が問題になっている。この世代間格差を少しでも解消するために、私は、とくに子育て世代への支援をもっと充実させるべきだと考える。

確かに、高齢者を養うために、子世代や孫世代が相応の負担をするのは当然かもしれない。だから、社会保障の負担と受給の面で、世代間に多少の不公平があっても仕方がないという見方もあるだろう。しかし、不公平が大きくなりすぎると、世代間の対立を生むので、どの世代も不公平感を抱かないようにするべきだ。

たとえば、保育園を無償化するなどして、子育て世代の負担を軽くすることが、世代間格差を小さくすることにつながるはずだ。社会保障費の負担が今後さらに重くなったとしても、子育てにかかる費用が少なくなれば、その分、負担が減ったのと同じことになる。また、そうすることで、少子化対策にもなるだろう。子どもの数が増えれば、将来的には社会保障費を負担する世代の数が増え、ひとりあたりの負担が抑えられる。そうなれば、世代間格差も小さくなり、不公平感が薄まってくるだろう。

以上のように、世代間の不公平を少なくする対策として、子育て世代への支援の充実をはかるのがいいと私は考える。

社会保障のあり方

理解のポイント

社会保障制度は「セーフティーネット」の一種

ここが使える

社会保障制度とは、病気やケガ、老齢や失業などによって自分の力だけでは生活を送るのが困難なときに、国や自治体がそうした人を支援するためのさまざまな仕組みのことだ。

社会保障制度の充実は、日本国憲法25条の「すべて国民は、健康で文化的な最低限度の生活を営む権利を有する」「国は、すべての生活部面について、社会福祉、社会保障及び公衆衛生の向上及び増進に努めなければならない」という文言にもとづいて進められてきた。

ここが使える

社会保障制度は、国民の納める税金や、国民の支払う保険料などによって運営されているので、国民がお互いに助け合う相互扶助の性格もあわせもっている。

また、最近では、「セーフティーネット」という言葉がよく使われているが、これは本来は「安全網」、つまり転落防止ネットのことである。

人がどこか高いところから落ちたときに、転落防止ネットがあれば命が救われる。

それと同じように、何らかの理由から社会生活が一時的に営めなくなったときに救済してくれる仕組みのことを、比喩的にこう呼んでいる。

ここが使える

この意味では、**社会保障制度も「セーフティーネット」の一種だといっていい。**

日本の社会保障制度の4つの柱とは?

ここが使える

日本の社会保障制度は、大きく分けると「公的扶助」「社会保険」「社会福祉」「保健医療・公衆衛生」の4つから成っている。

ここが使える

「公的扶助」には、「生活保護」と「生活福祉資金貸付制度」がある。

「生活保護」は、憲法25条にある「健康で文化的な最低限度の生活」を保障するもので、何らかの理由で自力では生活できなくなった人に、決められた額のお金を支給する制度である。貧困者や困窮者を国が助ける制度であり、最終的な「セーフティーネット」だといっていい。「生活福祉資金貸付制度」は、お金に困っている人に資金を貸し付ける制度である。

ここが使える

「社会保険」には、「年金保険」「健康保険」「介護保険」「雇用保険」などがある。これらは加入するのが原則であり、加入者の払う保険料で給付を賄うものだ。

ここが使える

「社会福祉」は児童や母子、障害者、高齢者など、社会的な弱者に対して公的な支援を行

ここが使える

うものである。保育所や児童手当、児童相談所などがこれに当たる。

「保健医療」は国民が健康に生活できるように、健康診断などによって病気の予防や早期発見を行うこと。「公衆衛生」は感染症対策、食品衛生、上下水道、ゴミ処理などを行うことだ。

ただし、「課題の解説」にもあるように、日本では、社会保障の給付の多くが高齢者にあてられているという現実がある。

今後、社会保障の対象となる高齢者が急速に増える一方で、財源となる保険料や税金を支払う能力のある現役世代が減少していく時代になる。

その意味で、制度全体の見直しが必要な時期に来ていることは間違いない。

年金制度はもはや限界。「賦課方式」から「積立方式」への移行も検討されている

高齢社会になって、とくに問題になっているのが年金制度だ。

年金制度は、現役世代が、引退した高齢者の老後の生活を支えるためのものである。収入のない高齢者は、現役世代が支払う年金保険から、年金を支給され、それで生活をする。

つまり、高齢者が受け取る年金は、自分たちが払ってきた年金保険分が戻ってくるので

はなく、現役世代が支払う年金保険から高齢者に年金として回される。つまり、世代間での所得の再配分で、これを「賦課方式」という。

ここが使える

この方式は、高齢者の数が現役世代に比べて相対的に少ない段階では、現役世代の負担が比較的軽く、高齢者も十分な年金がもらえるので、不公平感は生じにくかった。

しかし、高齢者の数が増える一方、少子化で現役世代の数が減っているため、負担と受給のバランスが崩れ、高齢者と現役世代の双方に不満が出てきている。

そのため、自分が受け取る年金を自分で積み立てる「積立方式」のような新たな年金制度への移行も検討されている。

「厚生年金」「共済年金」「国民年金」の仕組みと問題点は?

現行の年金制度では、現役世代は「厚生年金」「共済年金」「国民年金」のいずれかに入る。

ここが使える

「厚生年金」は民間のサラリーマンが加入し、「共済年金」は公務員が加入する。また、「国民年金」はそれ以外の農業従事者や自営業者などが加入する。

ここが使える

「厚生年金」と「共済年金」は二階建てになっており、一階部分は「国民年金」と同じもので、「基礎年金」と呼ばれている。その上に、「厚生年金」と「共済年金」がそれぞれ乗

る形になっている。

「厚生年金」と「共済年金」は、加入者本人と雇い主の両者で保険料を負担する。保険料を払った年数が同じであれば、「厚生年金」や「共済年金」のほうが「国民年金」よりも負担額が多いので、老後に給付される年金額も多くなる。

ここが使える

年金の中でも、大きな問題となっているのが「国民年金」だ。

本来は、農家や自営業者などが加入するためのものだったが、近年ではフリーターや非正規雇用者が大量に加入している。しかも、年金保険料を払わない未納者が増えており、未納率は2010年度の時点で35パーセントを超えている。低所得のために年金保険料が払えない人や、年金制度に対する不信感から、あえて払わない人も増えている。

ここが使える

「国民年金」の保険料は収入が多い少ないにかかわらず一律（2013年度で月1万5000円ほど）であり、収入が少ない人ほど所得における負担率が高くなってしまう（これを、「逆進性」という）。本来なら、収入に応じた負担が望ましいともいえる。

ここが使える

また、**現時点では、国民年金の支給額は、生活保護の支給額よりも低い**。これでは、年金の保険料を払うより老後に生活保護を受けるほうが得だと考える者が増えてもおかしくない。

10

人口減少社会

これまで問題にされてきた少子高齢化は、突き詰めていくと、人口減少の問題に行き着く。近い将来、確実に到来する人口減少社会にどう対処していくか。中長期的には、この大問題を日本は抱えているので、若い世代ほど問題点をしっかり認識しておいてほしい。

日本は少子化が大幅に改善されないかぎり、今後は人口が徐々に減少していくと予測されています。これについて次のグラフも参考にしながら、あなたの意見を600字以内で述べなさい。

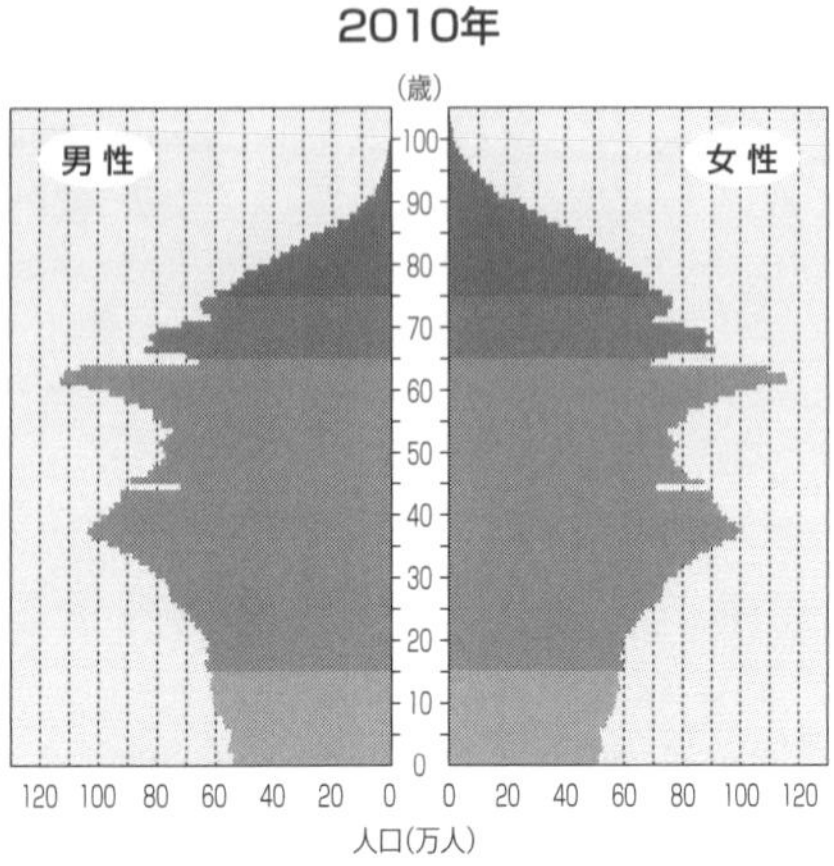

出所：1920～2010年：国勢調査、推計人口、2011年以降：「日本の将来推計人口（平成24年1月推計）」。

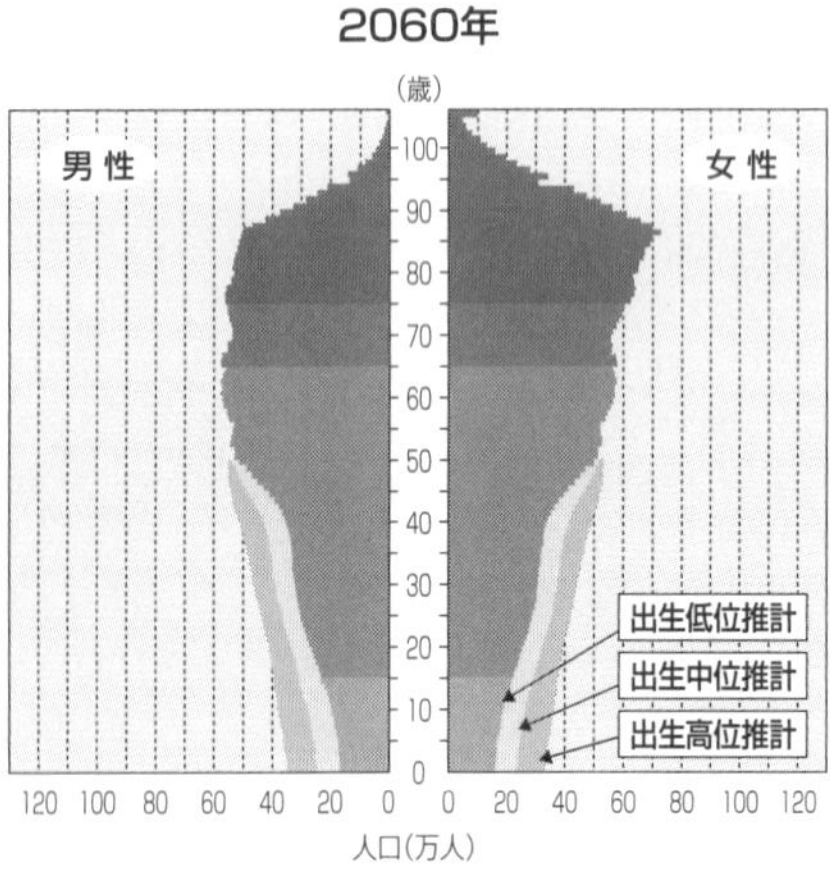

出所：1920～2010年：国勢調査、推計人口、2011年以降：「日本の将来推計人口（平成24年1月推計）」。

課題の解説

近年、「人口減少社会」といった言葉を耳にするようになった。少子高齢化だけでなく、日本の人口が減っていくことに焦点を当てた言葉だ。

では、その人口減少社会をどう論じるかだが、人口が減ることにはメリットとデメリットの両方があるので、その両面を示しながら、人口減少の是非を問うのが正攻法だろう。

プラス面では、人口が減ると、ひとりあたりに分配される資源が増えるはずなので、個人の生活の質は向上することが考えられる。

現在の豊かさをキープしていけば、それだけで一人ひとりはいまよりも豊かな生活が送れるようになるかもしれない。東京では地価が下がり、人々は郊外ではなく、もっと都心近くに住むことができるようになる。そうなれば、通勤時間が短くなり、通勤ラッシュも緩和され、交通渋滞も減るだろう。

一方、マイナス面では、いま述べたプラス面はあくまで現在の豊かさをキープしていった場合の話で、人口減少によって経済規模自体が縮小していくことを指摘すればいい。

人口が減ると、それだけ日本社会全体の消費が少なくなり、日本の市場規模が小さくなってしまう。それとともに、国民一人ひとりの生活水準も低下していく恐れがあるのだ。

人口減少のプラス面とマイナス面をしっかり検討したうえで論じるといいだろう。

解答例 1

【賛成】人口減によって、ゆとりある社会が実現する

グラフによると、2060年には、日本の人口が大きく減少することが予測されている。では、現在の予測どおり、人口が今後大きく減っていくことはよいことなのだろうか。

確かに、人口減少にはマイナス面があるのは事実だ。人口が減るということは、それだけ日本の市場規模が小さくなることを意味する。つまり、社会全体の消費が減り、経済が縮小してしまうのだ。そうなると、現在の豊かさが維持できなくなる恐れもある。しかし、人口減少にはプラスの面があることも忘れてはならない。

人口が減るということは、それだけ人口密度が下がるということだ。そうなれば、国民一人ひとりの生活の質が向上することが期待できる。まず、住宅地が余り、地価が下がるので、私たちはもっと広い土地に住めるようになるだろう。また、都市の規模が小さくなるので、都市部の通勤ラッシュが緩和され、通勤時間も短くなる。もちろん、交通渋滞も起こりにくくなるはずだ。土地開発をこれ以上行う必要がなくなるので、自然環境を守るだけでなく、自然をもっと増やすこともできるだろう。現在の豊かさをこのままキープできさえすれば、生活環境がいまよりもよくなり、一人ひとりはゆとりある生活が送れるようになるはずだ。

以上のことから、人口減少はむしろ歓迎すべきことだと私は考える。

解答例 2

【反対】人口減によって、生活水準が低下する

２０１０年の推計人口のグラフと、２０６０年の人口予測のグラフを見比べると、ほとんどの世代で人口が少なくなっていることがわかる。では、この予測のとおり、これから人口が大きく減っていくのは、はたしてよいことなのだろうか。

確かに、人口が減れば人口密度も下がるので、もっと豊かさの感じられる生活を送ることができると考える人もいるかもしれない。人口密度が下がれば、それだけで物理的なゆとりが生まれるので、生活の質が向上するという面も確かにあるだろう。しかし、これはあくまでも、現在の経済水準を維持できた場合のことである。

人口が一億人を超えている国は、それだけ市場規模が大きい。つまり、商品がある程度売れれば、大きな利益が見込める。そのため、そうした国には投資が集まり、経済も社会も発展する。しかし、日本の人口が急激に減りすぎると、市場としての魅力が失せ、海外の企業からそれほど重視されなくなってしまうだろう。日本の人口が激減しても、その分、日本の企業が海外で商品を売って大きな利益を出せればいいが、そうならなかった場合には、日本経済全体が縮小し、私たちの生活水準も下がってしまう恐れがあるのだ。

よって、人口減少は大いに問題であり、政府は少子化対策に本腰を入れて人口減少に歯止めをかけるべきだと私は考える。

人口減少社会

理解のポイント

近未来の人口減少予測――2060年には総人口が約3分の2に

日本では、2010年の時点で、1947〜49年までの第一次ベビーブームの世代(いわゆる団塊の世代)が60歳を超えた。また、1971〜74年までの第二次ベビーブームの世代(団塊ジュニア世代)が40歳前後になった。

この世代以降は、毎年生まれた子どもの数が徐々に減少していく。つまり、日本は1970年代後半から少子化傾向になっていったということができる。

2012年に国立社会保障・人口問題研究所が公表した報告によれば、日本の総人口は2060年には8674万人になると予測されている。つまり、**約50年後の2060年には、日本の総人口が現在の約3分の2になることが予測されている**わけだ。

ここが使える

また、第二次ベビーブーム世代が60歳を超えてくる20年後には、老齢人口がピークになると予想される。それ以降、老齢人口は減少に転じるが、第二次ベビーブーム以降の世代の人口も減っていくので、高齢化はよりいっそう進むことになってしまう。
そして、毎年生まれる子どもの数も、今後さらに減っていってしまうと予測されている。

ここが使える

出産可能な女性の人口が減っていくので、仮に出生率が大幅に上がったとしても、出生数はそれほど増えるとは考えにくいだろう。

それこそ昔のように、ひとつの世帯に子どもが4～5人いるのは当たり前という多産化にならないかぎり、人口減少に歯止めをかけることは難しいといえる。

生産年齢人口の減少は何をもたらすか?

ここが使える

最大の問題は、生産年齢人口（15～65歳までの人口）が大幅に減少していくことである。

人口が減っていくと、その分モノを買う人が少なくなるので、日本の市場規模が縮小していく。その分、海外からの投資も減り、経済成長は困難になる。しかし、それ以上に、

ここが使える

生産年齢人口が減ってしまうと、現在の日本の経済力すら維持することが難しくなる。

働く人が減るわけだから、一人ひとりの生産性をよほど上げないかぎり、国全体の生産力は落ちてしまう。その結果、GDPも落ち、国力が低下してしまう。

また、労働力不足が賃金の上昇を招き、人件費が高くなりすぎてしまうため、日本の企

業はますます海外に生産拠点を移し、産業の空洞化がさらに深刻化する恐れがある。

さらに問題なのは、「9 社会保障のあり方」の項目でも述べたように、現役世代が高齢者を支え切れなくなる恐れがあることだ。

2010年時点では2・8人の現役世代で1人の高齢者を支えていたが、2060年には1・3人で1人の高齢者を支える社会となる。そのため、このままいくと、2060年時の現役世代は大きな負担を強いられることは間違いない。

ここが使える

さらに、**生産年齢人口の減少は、国や自治体にとっては税収の減少を意味する。**税収が減れば、水道を整備したり、道路を補修したりといった基本的なインフラ整備さえままならなくなる。私たち国民の生活基盤そのものが、あやうくなってくるのだ。

女性と高齢者の労働力の活用がポイント

では、生産年齢人口の減少を補うには、どうすればいいのか。

ここが使える

まず、**女性の労働力をさらに活用していく必要がある。**

それには、結婚、出産、育児が、女性の労働参加にブレーキをかけることがないようにしていくことが不可欠だ。保育所の充実はもちろんのこと、子育てとの両立ができるような働き方を可能にすることが重要だろう。

また、**高齢者にも、労働参加してもらう必要がある**。

いまは65歳からを高齢者としているが、仮に70歳からを高齢者とし、元気な人にはそれまで働いてもらうことにする。定年制を廃止することも検討すべきだろう。

外国人移民の受け入れ問題

しかし、**女性や高齢者ができるだけ労働参加したとしても、労働力不足が解消できない場合には、海外から移民を受け入れるしかないだろう**。

年齢の若い外国人を移民として多く受け入れ、日本に定住してもらえば、若い世代の人口を増やすことにもなる。近い将来、そうした移民を大量に受け入れて、人口減少分を補っていかないと、日本の国力が急激に減退する恐れがある。

もちろん、その場合には、日本語教育をはじめとした受け入れ体制をしっかり整え、移民が日本社会の中で暮らしやすくしていく必要がある。

そうしないと、せっかく移民を受け入れても、日本の社会になじめず、犯罪に手を染めたり、貧困に陥ったりする移民が増え、治安の悪化につながってしまうからだ。

集団主義的体質の強い日本では、外国人移民の受け入れに対してはどうしても抵抗感が根強い。しかし、日本経済の今後を考え、国民全体がしっかりと議論をしたうえで、できるだけ冷静に判断することが求められる。

高い科学技術力を維持する必要がある

ただし、単純に労働力を補うだけでは、日本の経済力は維持できない。

ここが使える

日本は資源国でなく、あくまでも科学技術立国である。

これまで、科学技術力の高さが日本に経済発展をもたらしたといっても過言ではない。今後も科学技術力の高さを維持していかないことには、現在の経済力を保つのは難しい。

英語教育に力を入れるのも結構だが、国は科学技術教育にもっと税金を投入し、大学での最先端分野の研究者や企業の技術開発を担っていく人材を供給していく必要がある。

ここが使える

資源の乏しい日本は、科学技術の分野で常に世界をリードする存在でありつづけないことには、今後の発展はありえないのである。

11 日本企業の問題点

かつて「日本的経営」によって日本の経済成長を支えてきた日本企業は、グローバル化への対応を迫られて、少しずつ変質してきている。現在の日本経済の問題点を考えるうえで、日本企業のあり方をどう捉えるかは重要なポイントになる。そのためにも、まずは「日本的経営」とは何か、そのメリットとデメリットをしっかり理解しておくことが大切だ。

課題

1990年代以降、日本では、グローバル化に対応するために、多くの企業がアメリカ型の成果主義を取り入れました。ところが、成果主義には批判も多く、成果主義をとりやめる企業も増えています。

この傾向について、あなたはどう考えますか。600字以内で論じなさい。

課題の解説

成果主義とは、仕事の成果や実績に応じて賃金や人事を決めようという考え方のことだ。成果主義が導入されたのは、従来の年功序列的な賃金体系のままでは、経営が合理化できないと考えられたからである。

勤続年数にかかわらず、成果を上げた社員に対してはそれ相応の高い賃金を与え、成果が上がらない社員との間に賃金差をつけることで社員のモチベーションを上げようとした。ところが、2000年代に入って成果主義の弊害もあらわれはじめ、軌道修正を余儀なくされる企業も増えてきた。そのことが問題になっているわけだ。

成果主義の問題点として、まず、「成果」を評価する基準がしばしばあいまいな点がある。とくに、成果がただちに見えにくい業務は評価されにくいため、そうした業務に従事している社員はモチベーションを落とす恐れがある。また、そうした業務を誰もやりたがらなくなるという懸念もある。

短期的な成果ばかりが評価されると、リスクを冒して新しい商品を開発したり、将来性のある事業にチャレンジしたりすることができなくなる。

さらに、自分が成果を出すことばかり考えて、ほかの部署と協力したり、部下や後輩に技術やノウハウを教えたりといったことをしなくなる恐れもある。こうなると、技術力の継承なども行われなくなってしまうだろう。

その一方で、「成果主義そのものが悪いわけではない」という反論もある。

個人が成果を出すためにできるだけ自由に仕事をさせるかわりに、成果を出せなければ責任をとらせるのが、本来の成果主義だ。ところが、日本では社員をなかなか減給・解雇できない。つまり、どんな仕事をしても、解雇されるリスクが少ないわけだ。

そのため、権限を与えるのも責任を負わせるのも、中途半端にならざるを得ないというのが現状だ。そうなると、社員のモチベーションも上がらず、成果主義を取り入れた意味がなくなってしまう。

そうしたことをしっかりと説明できれば、十分説得力のある論になるはずだ。

解答例 1

【賛成】個人の成果より会社全体の利益を考えるべき

日本では、一時期、成果主義を取り入れる企業が増えていたが、近年、成果主義をやめる企業も出てきている。こうした傾向は、はたして好ましいのだろうか。

確かに、グローバル化が進んで、雇用が流動化している現状では、従来のような終身雇用制をそのまま維持することは難しいだろう。ある程度、成果や業績を賃金の評価に反映させることは必要だといえる。しかし、それでも、欧米の成果主義をそのまま取り入れる必要はない。

成果主義では、どうしても短期的な成果ばかりが評価されてしまいがちだ。そのため、すぐには成果があらわれにくい業務や、新しいことへの取り組みが評価されにくくなってしまう。それでは、企業の成長につながらない。また、自分が評価されたいばかりに、個人プレーに走ってしまって、部署間の連携や部下へのノウハウの継承がおろそかになってしまう恐れもある。長期的な視野で会社全体の利益を考えるためには、成果主義より長期雇用を保証するシステムのほうがふさわしい。そのほうが、社員も組織全体のことを考え、腰を据えて仕事に取り組めるからだ。

以上のように、私は成果主義をとりやめる企業が増えているのはよいことだと考える。

解答例 2

【反対】成果主義をもっと徹底すべき

一時期話題になった成果主義だが、近年、とりやめる企業が増えているといわれている。はたして、そうした傾向は好ましいのだろうか。

確かに、成果主義がうまくいっていない点は認める必要がある。短期的な成果ばかりが評価され、長期的な視野で仕事に取り組むことが損になるようでは、会社にとってもマイナスにしかならないだろう。しかし、成果主義がもっと徹底されれば、メリットのほうが大きいはずだ。

成果主義というのは、仕事の責任者を明確にしたうえで、その従業員の裁量をできるだけ認めなければ、意味がない。日本の企業は、いまだに終身雇用制が残っていて、会社と社員が対等な契約関係になっていない。そのため、成果主義といっても中途半端なものになってしまう。それでは、社員にモチベーションを与えることができない。社員一人ひとりに責任を伴った権限を与え、仕事において自立させることでこそ、成果主義を取り入れる意味がある。終身雇用をやめ、成果を上げることが社員のキャリアアップにつながるようなシステムに移行できれば、成果主義のメリットをもっと活かすこともできるようになるはずだ。

以上の理由から、私は成果主義をそう簡単にとりやめるべきではないと考える。

日本企業の問題点

理解のポイント

日本的経営の3つの特徴――「終身雇用制」「年功序列賃金制」「企業別組合」

戦後の日本の企業経営は、欧米とは異なる独自のもので「日本的経営」と呼ばれてきた。

ここが使える

日本的経営の特徴としてあげられるのが、「終身雇用制」「年功序列賃金制」「企業別組合」の3つだ。この3つは、じつは密接に関係し合っている。

日本では、最初に就職した会社に定年まで勤め上げるのが一般的だった。それを保証するのが、終身雇用制だ。原則として、会社が定年まで社員一人ひとりの面倒を見てくれることになっているわけだ。

ここが使える

年功序列賃金制とは勤続年数が増えるにつれて自動的に給料が上がるシステムのことだ。これは、若いうちは業績以下の給料に抑え、家族ができて教育費がかかるようになるにつれて、今度は業績以上に給料を上げ、最後に退職金の支払いで帳尻を合わせるようになっている。つまり、定年まで勤めなければ、正当な生涯賃金が得られないことになる。

ここが使える

この意味で、**終身雇用と年功序列はお互いに制度的に支え合っている**といえる。

また、欧米では、労働組合は産業別・職種別なのが一般的だが、日本では企業ごとに組合をつくっている。これは、日本の労働者にとって、就職というのが「特定の職務に従事する」というよりも、あくまでも「会社に入る」ことを意味するところから来ている。

ここが使える

そして、**ひとつの会社の中で、さまざまな職務を経験させながら、企業内訓練によって社員を熟練させていく点も、日本企業の特徴**といえる。

ここが使える

ただし、**日本的経営の特徴が完全に当てはまるのは一部の大企業だけで、多くの中小企業にはそこまでの余裕はない**という点も見落としてはいけない。

日本的経営のメリットは？

こうした日本的経営には、いくつかのメリットがある。

ここが使える

まず、**終身雇用によって、社員が会社に忠誠心をもち、企業と社員が協調して、家族的なつながりができる。「会社のために働こう」という意欲も強まる**ことが期待できる。

また、社員の技能を高め、技術を継承するためには、本来は、実際の業務を通じて社員教育ができる終身雇用・年功序列のシステムのほうが好ましい。雇用が流動的な状態では、熟練する前に仕事をやめざるを得ないからだ。とくに、製造業主体の産業構造では、こうした長期雇用の形態がふさわしかったといえる。

また、企業別組合では、企業の利益と労働者の利益が合致するので、労働組合の側でも企業と徹底的に対立することにはならない。このことが、さらに社員の愛社精神を高めることにつながった。

ここが使える

さらに、**企業別組合には、企業だけでなく社会全体にとってのメリットもある。**ヨーロッパのように、職種別の組合だと、たとえば鉄道の整備員の組合がストライキをするだけで、鉄道全体が動かなくなる。一方、企業別の組合では、その鉄道会社の業務が妨げられるだけで、鉄道全体に影響が及ぶことはない。

こうしたことが、日本社会の安定した経済成長を支えてきたという側面もある。

ここが使える

実際、**1980年代には、日本的経営は日本の驚異的な経済成長を支えた経営手法として、国際的に高く評価されていた。**

ここが使える

グローバル化が進むと、日本的経営は一転して批判の対象に

ところが、**1990年代以降、経済のグローバル化が進むにつれて、一転して、「日本**

的経営」が批判されるようになった。

グローバル化が進むと、多国籍企業が進出し、安い海外製品が輸入されるようになった。日本企業も、海外の企業との競争に勝つためには、人件費を安く抑え、できるだけコストカットする必要に迫られるようになった。そのため、1990年代には、整理解雇（リストラ）が盛んに行われた。

また、社員のモチベーションを高めて競争力を上げるため、アメリカ型の成果主義賃金体系を取り入れる企業が増えた。

従来の終身雇用・年功序列制の下では、成果が賃金に反映されず、仕事に失敗してもなかなか解雇されない。成果を上げても上げなくても給料が変わらないのでは、能力のある社員のモチベーションが上がらないだろう。また、余裕のない企業にとっては、能力のない中高年の社員を高い賃金で抱え込んでいるのは、余計なコストにしかならない。

そこで、成果主義が導入され、終身雇用・年功序列という日本的経営の見直しが進むことになったわけだ。

ここが使える

しかし、なかなか正社員を解雇できないような制度を残したまま成果主義を取り入れても、うまく機能しない。そのため、日本的経営に回帰する企業も出てきている。

それ以外の日本企業の特徴——株主軽視、メインバンク制

終身雇用・年功序列・企業別組合の3つは、日本的経営をもっぱら労使関係の面で特徴づけるものだが、そのほかにも、戦後の日本企業の大きな特徴がある。

ここが使える

戦後の日本企業では、株主の利益があまり重視されてこなかったことだ。

1990年代までの日本では、企業がメインバンク（企業が主として資金を借りている銀行）と株式を持ち合って、お互いに支え合う構造になっていた。

ここが使える

メインバンク制によって、株主の利益をあまり気にせず、長期的な視野に立って企業運営をすることが可能だった。終身雇用などの日本的慣行が成り立ってきたのも、メインバンク制によるところが大きい。

ところが、バブル崩壊以降、メインバンク制がうまくいかなくなると、ようやく日本の株主も声を上げはじめ、株主によるコーポレート・ガバナンス（株主が、自分たちの利益が損なわれないように、外部から企業を監視すること）の重要性が問われるようになってきた。

従来の日本企業を支えてきた慣行や制度がさまざまな面で、いま問い直されている。

12 日本経済の問題点

第二次安倍政権になって「アベノミクス」が打ち出されると、改めて今後の日本経済と日本社会のあり方が問題にされるようになった。少子高齢化やグローバル化が進む中で、経済重視の姿勢を貫くべきか、それとも脱成長時代にふさわしい価値観を構築するべきか。経済学部にかぎらず、社会科学系全般に関わる大きなテーマだけに、ぜひともしっかりと考えをまとめておいてほしい。

課題

今後の日本は、かつてのような高度経済成長は望めないので、脱成長時代にふさわしい社会を構築するべきだという意見があります。その一方で、少子高齢社会を乗り切るには、もっと経済成長をする必要があるという意見もあります。あなたは、どう考えますか。600字以内で論じなさい。

課題の解説

日本経済は、いわゆる高度経済成長の時代（1950年代後半〜1973年）には、平均で毎年10パーセント近い経済成長をしていた。1973年の第一次オイルショックで、高度成長は終わりを告げたが、それ以降も1990年代に入るまで、毎年4パーセントを超える成長率を維持してきた。

ところが、1990年のバブル崩壊によって、日本経済は長い停滞期に入った。1991年以降の20年間、日本の経済成長率は平均で毎年1パーセントに満たず、マイナス成長の年も何回かあるほどだ。

そうした経済の現状に対して、これ以上の経済成長をめざすのではなく、脱成長が続く現状を受け入れて、社会制度や人々の価値観をそれにふさわしいものに変えていくべきだという考え方がある。

一方、それでは少子高齢化を乗り越えることができず、ますます社会的に行き詰まるだけなので、やはり一定の経済成長をめざすべきだという考え方もある。

これからの日本社会のあり方をめぐって、マスメディアなどでこうした議論が戦わされているのを知っている人もいるだろう。

もちろん、どちらの立場で論じても構わない。

ただ、どちらの立場をとるにせよ、グローバル化や少子高齢化の進展といった、日本の社会全体を取り巻く背景を踏まえて考えることが大切だ。

たとえば、少子高齢化が避けられない以上、人々の消費をこれ以上増やすことは望みにくい。となると、経済成長はあきらめて、ものの豊かさではなく心のゆとりや分かち合いを価値とする社会への転換をはかるべきではないか、とも考えられる。

しかし、ゆとりのある生活をするには社会保障を充実させる必要があるが、経済成長なくして社会保障を充実させることが可能なのかという疑問もあるだろう。

どちらが正解ということはないので、説得力のあるほうを選んで、しっかりと論じてほしい。

解答例 1

脱成長時代にふさわしい社会へと変えていくべき

今後の日本社会のあり方について、私は脱成長時代にふさわしく、社会制度や人々の価値観を改めていくべきだと考えている。

確かに、これ以上不況が続いて失業率が上昇するのは好ましくない。景気を好転させるために、何らかの対策は必要かもしれない。しかし、経済重視の姿勢を改めないかぎり、根本的な解決にはならないのではないか。

かつての日本は、人口増と戦後の冷戦体制を背景として、順調に経済成長を続けることができた。しかし、これからは少子高齢化がさらに進んで人口が減っていくので、内需の拡大を望むことはできない。グローバル化の進展による途上国の経済発展が著しい中、日本がかつてのように経済大国としての地位を保つことは難しいはずだ。そうであれば、もうこれ以上の経済成長を望むのはやめて、物質的な豊かさよりも生活の質の向上をめざすようにするべきだ。北欧のように、高税金のかわりに社会保障制度を充実させ、国民が一人ひとりの身の丈に合った幸福な生活を追求できるように、社会の価値観や制度を改める必要がある。

このように、脱成長時代にふさわしい社会のあり方に変えていくべきだと私は考える。

解答例 2

もっと経済成長をめざすべき

今後の日本は、脱成長時代にふさわしい社会を構築するべきだとする意見があるが、私はむしろ、もっと経済成長をめざす必要があると考える。

確かに、時代が変わったので、かつてのような高度成長を再現するのは難しいかもしれない。また、物質的な豊かさを重視する価値観が行き過ぎて、さまざまな問題が起こっている点は否定できないだろう。しかし、だからといって、経済成長をあきらめるのはよいことではない。

いまの日本で、非正規雇用が増え、格差が広がっているのは、経済全体が低迷していることが大きな原因だ。経済が活気を取り戻さないかぎり、企業は非正規雇用を続けざるを得ないので、格差は広がる一方だろう。また、社会保障を充実させるには国の収入を増やす必要があるが、そのためにも、まずは経済を活性化させて、税収を増やさなくてはならない。雇用を増やし、人々の賃金と生活水準を上げるには、一定の経済成長をして、国全体の富を増やすことが必要不可欠なのである。そうしてこそ、格差の拡大を抑え、社会保障制度を充実させることもできる。

以上のように、私はあくまで経済成長をめざすべきだと考えている。

日本経済の問題点

理解のポイント

ここが使える

なぜ高度経済成長が実現したのか?

いわゆる「高度成長時代」とは、1950年代後半から1973年の約20年間を指す。

この時期、日本は急激な経済成長を遂げ、経済大国の仲間入りをした。

なぜ、そんな高度成長が可能になったのだろうか。

まず、この時期、地方から多くの若者が仕事を求めて都市へと流入し、労働力として日本の産業を支えた。核家族化が進んで、内需(国内での消費)が拡大したことも大きい。

また、戦前の反省を踏まえて、国際的に自由貿易体制が確立されたことも幸いした。日本でも、1960年代以降、少しずつ貿易の自由化が進み、原材料を安く輸入して完成した製品を輸出する加工貿易で競争力を高め、市場を拡大していった。

1973年の第一次オイルショックで原油価格が高騰し、日本の高度成長は終わる。

だが、その後も毎年4パーセント前後の安定した成長ぶりが続き、日本は成熟した消費社会の段階へと移っていった。

バブル崩壊と平成不況

1980年代後半、日本は突如として「バブル景気」と呼ばれる好景気に湧いた。

ここが使える

「バブル景気」では、地価と株価が急激に上がり、さらなる値上がりを見込んだ人々が土地と株を買いあさり、それが地価と株価の上昇を後押しするという循環が起こった。

多くの企業が土地を買いあさり、銀行はそれを担保にどんどん資金を貸し付けた。しかし、1990年、インフレを恐れた日本銀行が金融引き締めを行い、地価と株価が急落したことがきっかけで、日本は長い不況の時代に入る。これを「平成不況」という。

この時期の日本は、基本的にはデフレーション（物価が持続的に下がっていく現象。デフレ）が続き、経済成長率は平均して1パーセント未満という状態だった。失業率も上がり、「失われた10年」と呼ばれる長い経済低迷期に陥った。

2001年には、小泉首相が登場して、「聖域なき構造改革」をスローガンに、郵政民営化などの大胆な規制緩和を進めた。

ここが使える

小泉政権が進めた「聖域なき構造改革」は、日本社会のさまざまな無駄を省いてスリム

にし、国が抱えている事業でも民間ができることは民間にまかせることで、もう一度経済全体を復活させようという政策だった。

しかし、改革は中途半端に終わる一方で、派遣労働の規制緩和によって非正規雇用が増え、所得格差が拡大する事態を招いたという批判もある。

そこに2008年のリーマン・ショックが追い討ちをかけることで、立ち直りかけていた日本経済も深刻な影響を受け、再び失速してしまった。

ここが使える

日本経済はなぜ低迷したのか？

日本経済がこれほど長期にわたって低迷しつづけたのは、いったいなぜなのか。

日本経済の長期停滞の背景には、直接的にはやはりデフレが続いたことが大きい。

物価が下がるのは、一見よいことに思えるが、もともとモノが売れないので物価を下げたわけだから、いくら売っても利益は上がらず、売るだけ損をする状態になる。

そうなると、企業は生産を減らし、その分人件費などを削減するしかなくなる。当然、従業員は賃金が下がったり、場合によっては解雇されたりして、生活が苦しくなる。

そうすると、さらにモノが売れなくなって、物価が下がる……という悪循環が続く。

ここが使える

ここが使える

ここが使える

また、**グローバル化が進む一方で、日本企業がグローバル化にうまく対応し切れなかったことも、日本経済の長期停滞の一因にあげられる。「ガラパゴス化」といって、日本製品が日本の市場にあまりに特化した特殊な進化を遂げたために、日本製品は結果として、海外での競争力を失った。**

たとえば、「ガラケー」（ガラパゴス携帯）と呼ばれる日本製の携帯電話は、日本の消費者のニーズに合わせて高度に多機能化したが、世界標準とはかけ離れていたために、海外市場には進出できなかった。

一方で、少子高齢化が進み、これからは生産年齢人口がどんどん減少していくため、内需を回復させて再び経済を成長路線に乗せることは難しいと考える人も多い。

アベノミクスは成功するか？

2012年、安倍首相は「アベノミクス」と呼ばれる一連の経済政策を打ち出した。これは、アメリカのレーガン政権が1980年代に打ち出した、大胆な成長政策（レーガノミクス）からとった名称だ。

アベノミクスとは、「大胆な金融緩和（量的緩和）」「機動的な財政出動（公共投資）」「民

間投資を喚起する成長戦略」という3本の矢を軸とする経済政策だ（量的緩和と公共投資については、「3 景気と景気対策」の項目で説明している）。

「大胆な金融緩和」の中身として、具体的には「量的緩和」に加えて「インフレ・ターゲット政策」があげられる。

ここが使える

インフレ・ターゲット政策とは、2～3パーセント程度の緩やかなインフレを意図的に起こして物価を安定的に上昇させ、それによって経済を安定させるという政策だ。

1990年代以降、ほとんどの先進国がこの政策を取り入れているが、日本ではその効果を疑問視する声も多く、長年導入がためらわれてきた。いったんインフレに転化すれば、政府がそれをコントロールすることは難しいという不安も小さくないからだ。

ここが使える

インフレ・ターゲット政策も含めて、アベノミクスは、たんにデフレを脱却するだけでなく、再び経済を成長路線に乗せることをめざしていることは間違いない。

いずれにせよ、これからの日本にとってどのような方向性が望ましいのか、国民全員が真剣に考えるべき問題だろう。

13

地域経済の活性化と公共事業の役割

長引くデフレ不況の影響で、地方の経済が疲弊し切っている。デフレ不況から脱却するためにも、地方の経済を立ち直らせるためにも、公共事業をもっと行うべきだという意見が根強くある。地域経済の現状と公共事業の必要性について、もう一度よく検討しなければならないので、受験生も基本的なことを知っておくべきだろう。

課題

民主党政権時代には、「コンクリートから人へ」というスローガンの下、政府は公共事業費を削減してきました。しかし、自民党政権に戻ってからは、また公共事業を増やそうとしています。今後の日本のために、公共事業は必要なのでしょうか。あなたの意見を600字以内で述べなさい。

課題の解説

公共事業とは、国や地方自治体が公共のために必要とされるものを提供するのに行う事業のことだ。たとえば、橋や道路のような、社会の基盤となるインフラストラクチャー（略してインフラ）を国や自治体がお金を出して整備することがそれに当たる。

論じるべきは、もちろん公共事業の是非だが、それを考えるうえでの前提がひとつある。それは、日本の中央政府も地方自治体も財政難で、多額の借金を抱えていることだ。国が国債を発行して（つまり、借金をして）公共事業を行う場合、それが本当に景気回復につながり、税収の増加になるならいいが、逆に財政をさらに逼迫させるようなら、財政破綻につながりかねない。

公共事業を行うことに賛成の場合は、財政がさらに悪化しかねないというリスクを冒してでも、公共事業を行うことのプラス面を示す必要がある。

いまいわれているのは、今後も懸念される大地震に向けて、建物の耐震化などを早急に進めることだ。また、日本全国のインフラが老朽化してきているので、その補修整備を行うというものだ。こうしたインフラの整備は、国民の生活を守ることにつながるので、借金をしてでも行う必要がある。とくに、被災した地方では、一刻も早い経済復興のためにも、インフラ整備は不可欠だろう。

また、公共事業を大規模に行えば、それだけお金が市場に回るので、国民の財布も潤い、景気が上向くとも考えられる。それによって、とくに衰退している地域経済を活性化させるという狙いもあるだろう。

公共事業に反対する場合は、その経済効果に異議を唱えるのがいいだろう。

公共事業は、下手をすると、一時的なバラマキになりかねない。お金をばらまいても、景気がよくならず、無駄な道路や箱物だけが残り、その維持費などでさらに赤字が出てしまう。そうなると、国や自治体の借金がさらに膨らんでしまいかねない。それでは、地域経済がさらに悪化する恐れもある。

こうしたことを理由に、公共事業の抑制を主張するといいだろう。

解答例 1

【賛成】防災と地域経済の復興のために必要

民主党から政権を取り返した自民党は、国土強靭化を唱え、全国の老朽化が目立ってきたインフラの補修整備などを行うことを政策の柱のひとつにしている。そのため、今後、公共事業が大規模に行われることになるが、これははたして好ましいことなのだろうか。

確かに、公共事業を増やすことには問題もある。これまで無駄としかいいようのない公共事業が行われ、そのたびに建設国債が発行されてきた。それが国の借金が膨らむ原因のひとつになってきたのは間違いない。しかし、それでも、必要性のある公共事業であれば行うべきだろう。

日本では今後も、大地震が起こることが予想される。そのため、被害を最小限に食い止めるべく、建物の耐震化などを早急に進める必要があろう。全国のインフラも老朽化が進んでおり、事故につながりかねないので、補修が不可欠だ。こうした公共事業は、国民の生命と財産を守るためのものであり、国はたとえ借金をしてでも行うべきだ。さらに、それが地方の経済を下支えすることになれば、景気回復にもつながるはずである。とくに震災で被害を受けた地方では、災害に強いインフラを整備することで産業が立ち直り、経済的な復興も早まる可能性がある。

以上のことから、国土強靭化のための公共事業を行うことは好ましいと考える。

解答例 2

【反対】バラマキは地域経済の発展にはつながらない

民主党から自民党に政権が戻って以来、デフレ脱却の対策として、公共事業が大規模に行われようとしている。では、景気対策としての公共事業は、本当に必要なのだろうか。

確かに、景気対策という点では、ある程度の経済効果は期待できるかもしれない。公共事業を大規模に行うことで、新たな雇用が生まれるので、沈滞している地域経済を活性化することができるだろう。そうなれば、日本全体の景気も上向いていく可能性はある。しかし、公共事業は一時的なバラマキになりかねないことも忘れてはならない。

これまでも景気が悪くなるたびに、政府は公共投資を行い、景気を刺激しようとしてきた。しかし、どれほどの効果があったのかは疑問である。公共事業を行っても、地方の建設業界が多少潤うだけで、そのお金がさらに消費に回り、ほかの業界も潤うとは考えにくい。つまり、国民全体にお金が行き渡るようにはならないということだ。震災からの復興やインフラ整備など、社会資本の整備のために必要な公共事業は行うべきだ。しかし、景気対策としての公共事業は、地域経済をますます公共事業に依存する体質にするだけなので、地域経済の本当の意味での発展にはつながらないのである。

したがって、景気対策のために公共事業を増やすことは好ましくないと考える。

地域経済の活性化と公共事業の役割

理解のポイント

ここが使える

地方経済は疲弊している——地域の商店街には「シャッター通り」も多い

日本の地方、つまり大都市圏以外の地域の経済状況が悪化しているといわれて久しい。**地域の商店街の多くが、空き店舗の目立つ「シャッター通り」となってしまっている。**

日本の経済は東京や大阪などの大都市を中心に発展してきたため、その分、地方はどうしても立ち遅れてしまいがちだ。

近年も、東京（もしくは首都圏）への一極集中が止まらず、逆に地方の経済は疲弊している。不況が長く続いたため、地方の若い人たちは仕事を求めて東京にますます集まるようになり、若い働き手の流出した地方はさらに活気を失うという悪循環に陥っている。

地方は企業を誘致し、新たな雇用をつくって、若者を地元に引き留めておきたいところだが、企業も不況時には設備投資を控えるので、地方に新たな工場をつくりたがらない。それどころか、業績が悪化すれば、生産量を減らすために工場を閉鎖しかねない。

さらに、１９９０年代以降、グローバル化が進み、賃金コストの低い途上国へと生産拠点を移転させる企業が増えている。そのため、そうした企業に依存していた地域ほど失業者が増え、経済が悪化していっているのが現状だ。

ここが使える

現状を放置しておくと、日本国内で経済が発展している地域と、そうでない地域との間の格差はますます大きくなってしまうだろう。

地方財政の悪化――地方交付税という問題

地域経済の衰退と同時に問題なのが、地方財政の悪化である。

ここが使える

日本の地方自治体の多くは経済的に自立できていない。年間の収入のうち、国から与えられる地方交付税と国庫支出金が、合わせて30パーセントを超えている。

とくに問題となるのが、地方交付税である。

ここが使える

国庫支出金が、使い道の特定された補助金であるのに対し、地方交付税は、国税の中から財源不足の自治体に配分され、自治体はどう使ってもいいことになっている。

そのため、経済的に苦しい地方では、財源不足を地方交付税で補って、公共事業を拡大しようとする。

もちろん、公共投資が有効に活用された例も多いが、無駄な道路や箱物（公民館や美術館、劇場など）をつくるだけで、新たな産業はつくり出せず、経済の活性化にはつながっていないケースも多い。地方交付税はもともと自分たちのお金ではないので、コスト意識が低く、公共投資の拡大に歯止めがかからなくなるという面もあるだろう。

また、地方税の税収が減っても、地方交付税などで補填できるので、抜本的な財政改革をしようとせず、財政赤字がどんどん増えるケースも少なくない。その最も有名な例が、2007年に財政破綻した夕張市だといえるだろう。

ここが使える

公共事業の役割――インフラ整備と景気対策の側面がある

公共事業は本来、主に社会インフラの整備のために、国や地方自治体が税金を使って行うものである。

日本は戦後、インフラ整備が不十分だったため、公共事業を積極的に行ってきた。

まず、一般道路や高速道路、橋、鉄道、空港、港湾などは産業発達の基盤になるものなので、公共事業によって整備された。また、公園、上下水道、病院なども生活の基盤となるので、公共事業によってつくられた。こうした**インフラの整備が戦後日本の経済成長を**

ここが使える

支え、豊かな社会の実現につながったことは間違いない。

ここが使える

また、**公共事業には、景気対策としての側面もある。**

景気が悪くなったときには、国や自治体が公共事業のための予算を増やして、景気の持ち直しをはかるのが常套手段だった。公共事業を行えば、民間企業にお金が回り、それによって新たな雇用が生み出されるので、景気が上向いてくるわけだ。

ここが使える

とくに経済的に自立できていない地方では、公共事業の経済効果は無視できない。

公共事業と地域経済の密接な関係

公共事業によって、雇用を生み出して、地域の経済を上向かせようとすることは昔から行われてきた。

１９６０年代には、池田内閣の「国民所得倍増計画」にもとづいて、日本の太平洋側にあった工業地帯に重点的に公共投資を行った。その結果、日本の経済は大きく成長したが、一方で、その他の地域との経済格差が大きくなってしまった。

その反省から、その後、政府は地域間格差を少なくするために、日本各地に工業の拠点をつくろうとした。１９７０年代には、大都市圏と地方との間にある生活水準の格差を小さくするため、国は経済発展の遅れていた地方に重点的に公共投資を行うようになった。

ここが使える **１９９０年代に入ると、長期不況とグローバル化の影響で、多くの地方で産業の空洞化が進み、景気対策としての公共投資が大幅に増えた。**

ここが使える **公共事業を行っている間は、地方の景気も一時的にはよくなるが、その結果、地域経済が公共事業に大きく依存するようになった点も否定できない。** 日本が経済成長を果たした段階で、地域経済は公共事業頼みの構造から徐々に脱却すべきだったという見方もある。

公共事業を永続的に行っていくわけにはいかないので、ここが使える **地域経済が持続的に発展していくには、新たな地場産業が生まれ、雇用が安定的に供給されるようになることが不可欠だ。**

なお、第二次安倍政権は、「国土強靭化計画」にもとづき、公共投資を増やして、地域活性化の呼び水にしようとしている。もし国の借金を増やしてまでも公共投資を積極的に行うのであれば、デフレ脱却のためのたんなるバラマキではなく、日本の国土の保全と、地域経済の持続的な成長を促すための公共投資でなくてはならないだろう。

14 エネルギー問題

福島の原発事故以降、日本の今後のエネルギー政策をどうするかが大きな問題となっている。その方向性を定めるには、科学的な視点に加えて、経済学的な視点も不可欠になる。経済性を無視すると、原発維持か再生可能エネルギーへのシフトかという二者択一の短絡的な議論になりがちだからだ。そのため、経済学部志望者は、エネルギー問題についてぜひ関心をもっておいてほしい。

課題

2011年3月11日に東北の太平洋沖で発生した大地震後、福島第一原子力発電所が想定外の大きさの津波に襲われ、メルトダウン（炉心溶融）に至る大事故を起こしました。この事故以降、日本の原子力発電を将来的にゼロにするかどうかが議論になっています。

これについて、あなたはどう考えますか。600字以内で述べなさい。

課題の解説

福島の原発事故以降、原子力発電を今後も続けていくかどうかが議論になっている。

今回の課題で論じるのは原発をゼロにすべきかどうかだが、くれぐれも「原発は危険だからゼロにして当然だ」という短絡的な意見で終わらないように注意しなくてはならない。

原発をゼロにすることに賛成の場合には、原発のリスクを説明する必要がある。

福島第一原子力発電所の事故で明らかになったように、原発はいったん深刻な事故が起きてしまうと、周辺地域に人が住めなくなるなど、その被害が甚大なものになってしまう。

しかも、日本は地震大国である。今後も日本のどこでいつ大地震が起こるかわからない。

そう考えると、日本列島に原発をつくること自体、リスクが大きすぎるという側面もある。

一方、原発ゼロに反対する場合は、ゼロにした場合のマイナス面を示すといいだろう。もし日本が脱原発を進めると、日本がもっている原子力技術を国内で活かすことも、今後さらなる技術開発を進めることも難しくなってしまう。これは原子力関連産業にとって大きな痛手になるだろう。

また、エネルギー資源の少ない日本にとって、原発をゼロにすることは現実的ではないという見方もできる。

原発をゼロにする分、再生可能エネルギーの割合を増やせばいいと思いがちだが、じつは再生可能エネルギーは電力供給という点ではまだまだ不安定だ。安定した電力供給を行っていくには、安定的に発電できるエネルギーが必要になる。

その点、原発は安定的に電力を供給できるという側面があるのは事実である。

原発のかわりに火力発電を増やすという方法もあるが、火力発電は二酸化炭素を出してしまうので、環境への負荷が懸念される。一方、原発は二酸化炭素を出さないので、二酸化炭素の排出量を削減するのにも適したエネルギーだということもできる。

賛成・反対いずれの立場をとるにしても、経済的な視点からも考えるようにすると、より深い小論文になるはずだ。

解答例 1

【賛成】近い将来、原発をゼロにするべき

福島の第一原子力発電所の事故以降、原発を将来的にゼロにする脱原発の議論が起きている。では本当に、将来的に原発をゼロにすべきなのだろうか。

確かに、原発をゼロにするとなると、日本がこれまで培ってきた原子力技術を国内で活かすことができなくなってしまう。今後、さらなる技術開発も難しくなってしまうだろう。これは日本の原子力関連産業にとっては大きな痛手になるはずだ。しかし、それでも、原発は近い将来、ゼロにしたほうがいい。

日本はこれまで、原発は大地震が起きても絶対に安全だとし、しかも比較的低コストで電力を供給できることから、日本各地に次々と原発を建設してきた。しかし、福島第一原子力発電所の事故で明らかになったように、一度深刻な事故が起きてしまうと、周辺地域に人が住めなくなるなど、その被害は甚大になる。そもそも日本は地震大国である。今後、日本のどこで大地震が起こるかわからない。そう考えると、日本列島に原発をつくること自体、リスクが大きすぎる。また、もし事故が起きた場合の賠償を含めると、原子力発電は決して低コストとはいえない。事故の規模が大きいと、電力会社だけでは十分な賠償ができず、国の助けが必要になる。つまり、国民がそのツケを払わされることになるのだ。

したがって、日本は近い将来、原発をゼロにすべきだと考える。

解答例 2

【反対】安定した電力供給のためには原発が必要

福島の第一原子力発電所の事故が起きて以降、国民の間では脱原発を求める声が強い。その一方で、産業界には原発をゼロにすることに反対する意見も根強くある。では、日本は近い将来、原発をゼロにすべきなのだろうか。

確かに、福島の原発事故で思い知らされたように、原発は一度制御不能になると、大事故につながり、国民は放射能汚染の恐怖におびえなくてはならなくなる。こうしたリスクを考えると、できるだけ早急に原発をゼロにしたほうがいいと思うのが当然だろう。しかし、冷静に考えるなら、原発をゼロにするというのは実際には難しいはずだ。

もし原発をゼロにするなら、そのかわりとなる代替エネルギーを確保しなければならない。太陽光発電や風力発電などの割合を増やしていけばいいという意見があるが、そうした再生可能エネルギーはまだ技術的にも不完全で、安定した電力供給という点では不安が残る。その点、原子力は安定的に電力を供給できる。原子力のかわりに火力発電を増やすという方法もあるが、火力発電は二酸化炭素を排出し、環境に負荷がかかる。一方、原子力は二酸化炭素を出さない。そう考えると、エネルギー資源の乏しい日本が安定した電力供給を維持していくには、今後も原子力にある程度頼っていかざるを得ないのである。

したがって、原発をゼロにするという極端な選択はすべきではない。

ここが使える

火力発電や再生可能エネルギーによる発電も活用しながら、今後、電力供給における原発への依存度をどの程度まで縮小していくのがいいのか、その議論をするのが賢明だ。

原子力発電のメリットとデメリット

エネルギーをいかに安定的かつ安価に供給するかというのは、国家の発展と持続に欠かせない重要な事柄のひとつである。そのため、国がエネルギー政策を決め、それにもとづいて常に安定的なエネルギー供給がはかられている。

では、日本は今後、どのようなエネルギー政策をとっていくべきなのだろうか。

ここが使える

まず、**原子力だが、原子力発電は二酸化炭素を出さないため、二酸化炭素の排出削減には有効**である。また、大気汚染の原因となる化学物質（窒素酸化物）なども出さないので、そうした点ではクリーンなエネルギーといえる。

ここが使える

また、**原料となるウランの価格は比較的安定しており、発電コストも安いため、化石燃料を使った発電などに比べると、原子力発電は安い電力を安定的に供給することができる**。

しかし、その一方で、深刻な事故が起きた場合、放射性物質が放出されて、汚染が広域に及ぶ恐れがあり、そうなった場合の被害額は計り知れない。また、放射性廃棄物の問題もある。地底深くに処分場を設けて、そこに核のゴミを封じ込めるという処分方法が検討されているが、安全性に対する懸念も大きい。

ここが使える

放射能汚染のリスクや放射性廃棄物の処理問題といった点を考慮するなら、原子力への依存度を徐々に減らしていくべきだという主張にも一理あることは間違いない。

代替エネルギーをどうすべきか

ただし、**原子力発電を減らしていくとなると、その代替エネルギーをどうするかという問題を同時に考えなければならない**。

ここが使える

原子力にかわるエネルギーというと、太陽光発電などの再生可能エネルギーを思い浮かべるが、実際のところ、再生可能エネルギーによって電力の安定供給をはかるのは当面の間は難しいだろう。

まず、**太陽光発電は、発電コストが比較的高く、現時点では電力の安定供給は望めない**。

ここが使える

発電できるかどうかが天候に左右されるからだ。また、**風力発電も、風が吹かなければ発電できないため、電力の安定供給には適していない**。

ここが使える

一方、**日本で今後有望なのは、地熱発電だろう**。

日本は火山国なので、地熱利用のポテンシャルは高いといわれている。また、太陽光や風力と比べると、天候に左右されないため、比較的安定した電力供給が可能だ。それに、二酸化炭素の排出も少ない。

ここが使える

国の政策として、とくに地熱発電を推進していくことが現実的な選択だといえる。

「発送電の分離」と「電力の小売りの自由化」

再生可能エネルギーは、地域ごとに供給し消費するのが効率的である。再生可能エネルギーでは、大規模な発電が難しいからだ。

ここが使える

しかし、**日本ではこれまで、10社ある電力会社がそれぞれの区域の発電と送電を独占的に行ってきた。こうした電力会社の独占体制が、再生可能エネルギーの進展の足かせになっている**。

発電を行うことは自由化されており、個人や新規参入の会社が再生可能エネルギーを使って発電した電力を、既存の電力会社が買い取ってくれる。

しかし、それだと、消費者は結局、既存の電力会社から電力を買うしかなく、電力を買う会社を選ぶことができない。これでは市場原理が働かず、消費者は既存の電力会社の定めた電気料金を一方的に払わされることになる。

ここが使える

そこで、**再生可能エネルギーの利用の促進に不可欠だといわれているのが、「発送電の分離」と「電力の小売りの自由化」という2つの電力供給システムの変更**だ。

ここが使える

まず、**「発送電の分離」は、発電する会社と送電する会社を別々にするというもの**だ。

いまは発電と送電を同じ電力会社が行っているので、独占市場になってしまっている。

しかし、発電と送電を別会社にすれば、既存の電力会社も新規参入の会社も同じように送電網を使用することができる。そうなれば、市場原理が働いて競争が起こり、電力が安くなる可能性がある。

ここが使える

また、**「電力の小売りの自由化」が実現されれば、消費者は電力を買う会社を選べるようになる**。

たとえば、少々値段が高くても、再生可能エネルギーで発電した電力を買いたいという人は、そうすることが可能になる。

そのように消費者が電力会社を自由に選択できるようになれば、再生可能エネルギーによる発電が促進されるかもしれない。

15

食料問題

食料問題は、私たちの生活に直接関わる重要な問題である。経済学にとっても、食料の効率的な配分をいかにして達成するかというのは大きな課題である。そのため、経済系の学部では、食料に関するテーマが出題される可能性がある。志望者は、日本国内の食料や農業に関する問題だけではなく、世界の食料問題についても知っておく必要がある。

課題

次の表からわかるように、カロリーベースで算出した場合の日本の食料自給率は、主要先進国の中で最低レベルにあります。
このことについて、あなたはどう考えますか。600字以内で述べなさい。

主要国の食料自給率（カロリーベース食料自給率）

（単位：パーセント）

国名	1965	1970	1975	1980	1985	1990	1995	2000	2005	2010
アメリカ	117	112	146	151	142	129	129	125	123	
カナダ	152	109	143	156	176	187	163	161	173	
ドイツ	66	68	73	76	85	93	88	96	85	
スペイン	96	93	98	102	95	96	73	96	73	
フランス	109	104	117	131	135	142	131	132	129	
イタリア	88	79	83	80	77	72	77	73	70	
オランダ	69	65	72	72	73	78	72	70	62	
スウェーデン	90	81	99	94	98	113	79	89	81	
イギリス	45	46	48	65	72	75	76	74	69	
スイス	―	―	―	―	―	―	―	59	57	
オーストラリア	199	206	230	212	242	233	261	280	245	
韓国	―	80	―	70	―	63	51	51	45	
日本	73	60	54	53	53	48	43	40	40	39

出所：農林水産省試算

課題の解説

日本の食料自給率が低い水準にあることは、誰もが知っていることだろう。

食料自給率が低いのは必ずしも悪いことではないとする場合、食料を海外からの輸入にある程度頼っていくことを肯定する必要がある。

現在はグローバル化が進み、世界中の国々から食料を輸入することができる。食料を輸出したい国から日本が食料を買い、かわりに日本の製品を買ってもらう。そのような形で貿易が盛んになれば、日本も相手国もより豊かになる。

一方、食料自給率を上げるべきだという立場をとる場合には、「食料の安全保障」について述べるといいだろう。

食料を海外に依存しすぎると、何らかの理由で外国から入って来なくなった場合、食料不足に陥る恐れがある。理由は、天候不順や政情不安など、さまざまな状況が考えられる。また、食料自給率が低いままでは、日本国内の農業がますます弱体化してしまう。そうなると、さらに食料自給率が下がり、食料の海外依存度はさらに高くなってしまうだろう。

食料不足のリスクを軽減するためには、食料自給率を少しでも上げて、日本の農業を守っていく必要があるともいえる。

どちらの立場をとるにしても、その根拠をしっかり掘り下げて論述する必要がある。

解答例 1

【賛成】食料を輸入するほうが、世界経済の発展につながる

表からわかるように、日本の食料自給率は主要国に比べて低く、以前から問題になっている。しかし、食料自給率を上げようという取り組みが活発になっているわけでもないようだ。では、本当に食料自給率を上げる必要はあるのだろうか。

確かに、食料自給率が低いことにはリスクもある。日本で消費する食料の多くを海外に依存しているとなると、もしその食料の輸入が何らかの理由でストップしてしまった場合、食料不足に陥ってしまうかもしれない。しかし、こうしたリスクがあるとはいえ、食料自給率が低いことは、それほど大きな問題ではないはずだ。

現在はグローバル化が進み、地球上がひとつの市場になっている。そのため、日本のような経済的に豊かな国であれば、世界のどこからでも食料を調達することができる。だから、日本は国内の生産だけでは足りない食料については、その食料を生産して輸出したいと思っている国から輸入すればいい。そのかわり、そうした国々に日本の製品を買ってもらえばいいだけのことだ。そのようにして貿易がより活発になれば、日本も相手国も経済的にプラスであり、相互の経済発展につながるはずである。

以上の理由により、食料自給率が低いからといって、無理に上げようとする必要はないと考える。

解答例 2

【反対】海外への依存度が高いと、食料不足のリスクが高まる

日本の食料自給率は低下の一途を辿っており、日本の政府も食料自給率を上げるための取り組みを行っているようだ。しかし、表からもわかるように、芳しい結果が出ているとはいえない。では、食料自給率を上げる必要は本当にあるのだろうか。

確かに、食料自給率にこだわらず、農産物を輸出したい国から買ったほうが、価格の安い農産物が市場に出回るので、日本の消費者にとってはメリットが大きいだろう。自給率を上げるために、国内産の農産物を買おうとすると、どうしても割高になってしまうという側面もある。しかし、食料を海外に依存しすぎることには大きな問題がある。

農産物の生産は、天候に左右されやすい。そのため、食料が海外からいつも安定的に入ってくるとは限らない。日本が農産物を輸入している相手国で干ばつがあり、農作物の不作が続いた場合、その国からの輸入が一時的にストップしてしまう恐れがある。自国で農産物が不足すれば、当然、輸出には回さないからだ。そのようなことがもし起きた場合、日本は一時的にしろ、食料不足に陥ってしまう危険がある。万が一そのようなことがあっても食料難にならないよう、国内産の農産物だけでも、ある程度対応できるようにしておく必要がある。

したがって、日本は食料自給率をもっと上げる努力をすべきだと私は考える。

食料問題

理解のポイント

食料の配分でも、国ごとの格差がある

現在の世界の人口は約70億人で、2045年には90億人を超えると予想されている。世界の人口が急激に増えつづけると、当然、食料問題もさらに深刻化する恐れがある。

一方で、地球規模で見ると、増えつづける世界の人口を十分養えるだけの穀物生産量があるという見方もある。

世界では年間約20億トンの穀物が生産されており、平等に分ければ、約140億人分になるという指摘もある。しかし、実際には、貧しい国で飢餓が起きているという事実に変わりはない。

ここが使える

これは単純にいうと、**世界中で生産している食料を、世界中の人たちに効率よく配分できていない現状がある**ということだ。食料の配分という点でも、世界中の国々の間には大きな格差があるわけだ。

世界の食料格差はなぜ生じるのか?

こうした食料問題にはさまざまな原因があり、それらが複雑に絡み合っているのだが、そのひとつに、生産した穀物を食べているのが人間だけではないということがある。つまり、家畜の餌になっているのだ。

豊かな国の人たちは、牛、豚、鳥などを飼育し、その肉を大量に食べている。それらの家畜が生まれて食肉になるまでには、トウモロコシなどの大量の穀物が必要となる。つまり、**豊かな国では、生産した穀物を人間が直接食べるだけでなく、家畜の飼料として大量の穀物を消費しているというのが実情**なのである。

ここが使える

また、近年では、石油のかわりになるバイオエタノールの生産が増えているが、その原材料もまたトウモロコシなどの穀物である。つまり、**穀物がエネルギー源にもなっているため、穀物の取引価格が上昇し、貧しい国には穀物がますます回らなくなっている**のだ。

ここが使える

このように、**本来人間の食料となりうる穀物が、それ以外の目的のために大量に消費されることで、貧しい国の人々が食料不足に陥っている**という側面も忘れてはいけない。

ここが使える

15 食料問題

「プランテーション農業」と「モノカルチャー経済」の弊害

もちろん、貧しい国の飢餓には、その国の事情も大きく関連している。

アフリカの貧しい国々は内戦状態にあることが多く、その影響で国土が荒れ果て、農業ができなくなっているところもある。

ここが使える

また、かつてヨーロッパ先進国の植民地だった国では、しばしば「プランテーション農業」が行われた。**「プランテーション農業」とは、先進国が自国の利益のために、特定の商品作物ばかりを大量かつ安価に植民地につくらせるというもの**だ。

その影響は、かつての植民地が独立したいまでも続いており、そうした国では、作物のほとんどを先進国に輸出する一方、自分たちが食べる物は輸入に頼るという状況になっている。

ここが使える

このように、**輸出用の、ある特定の作物しかつくらない農業のあり方を「モノカルチャー経済」という**。

こうした農業のあり方だと、輸出用の農作物の国際的な取引価格が大幅に下がった場合には大打撃を受け、その国の経済が悪くなってしまう。

すると、自分たちが食べる食料を十分に輸入できなくなる恐れもあるのだ。

日本の食料問題――飽食がなぜ問題か?

ここが使える

日本では、食料自給率の低さばかりが問題視されがちだが、その前に「飽食の問題」を忘れてはならない。

日本では食べるものがあり余っており、日本の国民は毎日生きていくのに必要な量以上の食料を消費している。消費するといっても、すべてが国民の胃袋に入っているわけではなく、余ったものが大量に捨てられているのだ。

たとえば、食品ロスの問題があげられる。

食品には「賞味期限」や「消費期限」が表示されているが、「賞味期限」は、それを過ぎると風味が落ちるといった意味の表示であり、食べられなくなるということではない。しかし、「賞味期限」が切れた食品も捨てられてしまっている。

また、コンビニなどで売られている弁当なども、毎日大量の売れ残りが出て、廃棄されている。そのほかにも、食品ロスの例は、身近なところに多数存在しているだろう。

ここが使える

ゴミとして捨てられている食料の量を減らすことが、日本の課題のひとつともいえる。

余った食品をゴミとして捨てずに、肥料に変えるなどの取り組みも行われているが、これでは結局、日本が食料を過剰に消費していることに変わりはない。しかも、海外から大量の食料を輸入しているのだから、貧しい国に回すべき食料までも無駄にしているという言い方もできる。

ここが使える

このように、**日本のような豊かな国が食料を過剰消費している一方、貧しい国では慢性的な食料不足で、飢えに苦しむ人たちがたくさんいる。世界の経済格差がそのまま世界の食料配分のアンバランスにつながっている**のである。

だから、日本人は食料を無駄にすることを慎まなければならないが、そうしたからといって、貧しい国の飢餓が必ずしもなくなるわけではないだろう。

豊かな国が貧しい国を政治的にも経済的にも支援するなどして、貧しい国が自力で発展できるようになれば、世界の市場から食料を調達できるようになり、貧困や飢餓も少なくなるはずだ。

「食料の安全保障」という考え方

日本の食料自給率の低さに関連してよく聞く言葉に「食料の安全保障」がある。

農業は天候気候に左右されるものであり、海外から食料が安定的に供給されるとは限らない。また、輸入先の国が政情不安に陥るなどして、一時的にしろ、必要な食料が日本に入ってこなくなる危険性が今後ないとはいえない。

ここが使える

「食料の安全保障」にまつわるリスクを少しでも軽減するには、食料自給率を高め、食料を海外に依存しすぎないようにする必要があるという意見もある。

たとえば「地産地消」（地域で生産された農産物を、その地域で消費すること）を進め、日本の農業を守っていくべきというのが、「食料の安全保障」の通常の考え方である。

ここが使える

その一方で、**「食料の安全保障」のためには、海外との貿易の強化が重要だ**という意見もある。

自国の農業を守るために保護主義的になると、かえって食料の安全保障が損なわれる危険が出てくる。国内で不作になってしまうと、たちまち食料不足に陥ってしまうからだ。

ここが使える

したがって、**むしろ自由貿易を進め、外国との経済連携を強化していくことで、食料を安定的に供給できる**という見方もあるわけだ。

日本の農業を守る必要は確かにあるが、食料自給率を上げることばかりを考えるよりも、海外からの食料供給が途絶えることのないようにするほうが、「食料の安全保障」という点では重要だとも考えられるのだ。

16 循環型社会

循環型社会の構築には、廃棄物を減らすだけでなく、限りある資源を再利用するという目的も加わりつつある。従来の先進国と、新たに経済発展してきた国々（新興国）との間で資源の争奪戦が起きている中、資源の再利用（つまり、リサイクル）には大きなビジネスチャンスがあるともいわれている。そのため、経済系の学部の志望者は、基本的な事柄についてぜひ知っておいてほしい。

課題

現在、循環型社会の構築に向けた取り組みが盛んに行われていますが、まだまだ不十分な点が少なくありません。

今後、循環型社会の実現のために、個人、企業、行政はそれぞれどのようなことに取り組んでいくべきでしょうか。あなたの意見を600字以内で述べなさい。

課題の解説

循環型社会は、ゴミの排出削減のために求められている社会のあり方である。

その構築のための取り組みとして、3Rというのがある。「Reduce（リデュース）」「Reuse（リユース）」「Recycle（リサイクル）」のことである。

「リデュース」は、ゴミを出さないことである。「リユース」はモノを再使用してゴミにしないということだ。「リサイクル」はゴミを資源として再利用するということである。

そして、これらの3Rはそのまま取り組むべき優先順位となっている。

この3Rの考え方は、日本の社会にもかなり浸透してきているのは事実である。

しかし、現実には、毎日大量のゴミが出ており、一部は再資源化されているが、そうでないものは焼却されるなどして処分されている。

つまり、まだまだ改善点があるということだ。したがって、今回の課題では、この3Rについて検討するのが正攻法だろう。

ただし、3Rについて教科書的なことを説明しただけでは、小論文にならない。もっと踏み込んだ提案をする必要がある。

循環型社会の構築には、モノを消費している私たち一人ひとり、モノをつくっている企業、そしてゴミになったモノを処理する行政（国や地方自治体）の三者が関わっている。そのため、循環型社会を構築するためには、この三者が連携して、それぞれが行うべきことに責任をもって取り組んでいかなければならない。

たとえば、出すゴミの量を少なくする取り組みとして、私たち消費者がゴミの多く出る商品を買わないようにするといったことがある。そうすれば、企業の側も、過剰な包装をやめて、ゴミがなるべく出ないような商品を売るようになるはずだ。また、行政の側も、そうした商品を購入することを推奨するようになるだろう。

このように、個人、企業、行政の三者が行うべきことを関連づけて示すのがいいだろう。三者が取り組むべきことをバラバラに示しても意味がないので、そうならないように注意してほしい。

解答例 1

ゴミを極力出さないような取り組みが必要

循環型社会の構築のために、個人、企業、行政は、ゴミを極力出さないリデュースの取り組みを重点的に行っていくべきだと私は考える。

確かに、リサイクルも重要ではある。私たち一人ひとりがゴミの分別をきちんと行い、再資源化できるものは再び資源として利用すれば、最終的に処分するゴミの量は減っていく。しかし、それでは、個人がモノをゴミとして捨てる量自体を減らすことはできない。

日本で売っている商品の多くは、過剰包装だ。たとえば、子どもの食べる駄菓子にしても、外箱があり、さらに小袋が中に入っていたりする。これは、資源の無駄使いであり、生産段階でエネルギーを無駄にしていることにもなるだろう。企業が過剰包装をやめ、最小限の包装にするだけでも、ゴミの量は減る。これはコスト削減にもなるので、企業にとってもメリットがあるはずだ。また、行政は過剰包装の改善を企業に働きかけるとともに、ゴミの減量化につながる商品に認定マークをつけて、消費者がその商品を選びやすいようにすべきである。店頭に並んでいる商品を一目見ただけでは、過剰包装かそうでないかがわからないからだ。また、消費者がそうした商品を進んで購入すれば、企業の側も最小限の包装にすることに、より積極的に取り組むようになるだろう。

このように、過剰包装をできるだけなくして、ゴミの量を減らしていくべきだと考える。

解答例 2

リサイクルにもっと力を入れるべき

循環型社会の構築のために、個人、企業、行政は、リサイクルの取り組みを重点的に行っていくべきだと考える。

確かに、リデュースやリユースにも積極的に取り組む必要はあるだろう。ゴミが出ないようにすることが重要なのは間違いない。しかし、経済活動を行う以上、ゴミの量を減らすことにも限界がある。そのため、ゴミの再資源化をはかることが、より重要になる。

リサイクルの大きな課題は、そのコストだろう。せっかくゴミを分別して回収しても、それを再資源化するにはコストがかかってしまうのが現状だ。回収したゴミをリサイクル施設に運ぶ輸送費がかかるし、回収したゴミを仕分ける作業を行うための人件費もかかる。その結果、再資源化したものから製品をつくっても、そのリサイクル製品の価格は割高にならざるを得ないという側面もある。しかし、現代の消費者はエコ志向が高いので、リサイクルでできた商品だとわかれば、多少割高でも同程度の品質があれば購入するはずだ。また、リサイクルに取り組む企業だとわかれば、消費者の企業イメージも高まる。そうした動きを後押しするために、行政の側でも、リサイクル製品だと一目でわかる認定マークをつけるような取り組みも考えられるだろう。

したがって、社会全体で、もっとリサイクルに力を入れて取り組んでいくべきである。

循環型社会

理解のポイント

循環型社会とは？

ここが使える

循環型社会とは、モノをゴミとして捨てずに資源として再利用していく社会のことだ。

以前は、不要になったモノはゴミとして捨てていた。そのゴミの多くはゴミ処分場に埋め立てられるか、焼却処分されるかだった。なかには、資源として市場で取引され、再利用されていたモノもあったが、あくまでそれはほんの一部だった。

しかし、そうした社会は行き詰まりを迎え、いまは循環型社会の構築が求められている。

ここが使える

循環型社会が求められている第一の理由は、モノを大量に生産し、大量に消費して、要らなくなったら捨てるという大量生産・大量消費・大量廃棄型の社会のままでは、ゴミが処分し切れなくなってきたからだ。

ここが使える

もうひとつ、**そもそも天然資源には限りがあるということも大きい**。

天然資源をゴミとして捨ててしまうのではなく、回収して繰り返し使うほうが、天然資源の節約になる。

3Rの優先順位——リデュース＞リユース＞リサイクル

ここが使える

循環型社会の取り組みには、優先順位がある。

一番目は「リデュース」。できるだけゴミを出さないようにすることが第一である。**二番目は「リユース」**。モノをモノとして再び使用することが、リデュースの次に大切だ。**三番目が「リサイクル」**。リユースが難しい場合は、モノをゴミとして捨てるのではなく、資源として再利用する。

こうした3Rの取り組みを行ってもなお出てしまうゴミの一部（燃やせるゴミ）は、焼却処分をして熱回収する。つまり、ゴミを燃やして発電するということである。それでも残ったゴミ（不燃ゴミなど）については、最終処分場に埋め立てるなどする。

ここが使える

なぜ循環型社会の取り組みに優先順位があるかというと、環境負荷の問題があるからだ。環境負荷とは環境に与えるダメージのことである。

たとえば、二酸化炭素の排出がそうである。

3Rのうち、リサイクルは、地球温暖化の原因とされる二酸化炭素の排出につながる。

ゴミの運搬や、リサイクル施設でゴミを再資源化する際に、二酸化炭素が出てしまうのだ。
経済学的な言い方をすると、リサイクルと二酸化炭素の排出削減とは、場合によってはトレードオフの関係（両立不可能な関係）にある。

ここが使える

そのため、**二酸化炭素の排出を抑えるには、リサイクルよりも、リデュースやリユースを優先する必要がある**と考えられている。

廃棄物を減らすにはどうすればいい？

廃棄物の量を減らすには、リデュースやリユースの取り組みの必要性を国民によく理解してもらうことも大切だが、それだけでは不十分である。

ここが使える

経済学的に見て最も効果的なのは「廃棄物」に税を課すことである。これは、汚染物質の排出抑制に使われている方法で「廃棄税」と呼ぶ。

有害物質の排出に関して何の規制も存在しない時代には、企業は有害物質を排出し放題だった。しかし、その結果、公害が起きてしまい、その対策にかかる費用は社会全体が負うことになってしまった。

また、汚染物質を排出した企業に対して、賠償請求の訴訟が起き、その企業も汚染に対する責任を賠償という形で支払うことになる。こうなってしまうと、社会にとっても企業にとっても不利益だ。

そこで、行政が有害物質の排出に規制をかけるようになった。

なお、日本車が国際競争に勝つことができた一因として、日本がアメリカやヨーロッパなどよりも厳しい排ガス規制を行ったため、日本の自動車メーカーが米国車やヨーロッパ車よりも排ガスの排出量の少ない車を開発したことがあげられる。

つまり、環境にできるだけ負荷をかけない技術が市場で評価され、国際競争力を高めることにつながったのである。

ゴミに税金をかけるという考え方——「家電リサイクル法」

ただし、こうした法的規制には欠点もある。

有害物質の排出が定められた基準値以下であればいいので、企業はその基準値をわずかに下回るところまでしか排出を抑制しようとはしない。これでは、有害物質の排出量が減るだけであって、有害物質そのものは排出されつづけてしまう。

その排出自体をゼロに近づけていくには（現実にはゼロになることはないが）、有害物質の排出に税金をかけるのがいい。

そうすれば、企業は有害物質の排出をできるだけ抑えようと努力する。そうしないと、その分税金をとられ、利益が減ってしまうからだ。

同じようにして、**ゴミにも税金をかけるという考え方もある。その考え方の実例のひとつが「家電リサイクル法」**である。

この法律により、現在では、一般家庭が一定の家電製品をゴミとして出すときには、それ相応の料金を自治体等に支払うことになっている。つまり、家電製品の利用者も、そのリサイクルにかかる費用を一部負担するわけだが、これは課税と同じことだ。

その費用を負担したくない人は、家電製品をできるだけ長く使ったり、リサイクルショップに引き取ってもらうなどして、リユースに努めるだろう。あるいは、料金を支払って捨てたとしても、企業側がそれをリサイクルすることが義務付けられているので、ゴミとして処理されることも少なくなると考えられるのである。

ここが使える

リサイクルの市場化が重要なポイント

循環型社会を持続可能にするには、リサイクルの市場化が重要になってくる。

リサイクルは行政主導で進められているが、そもそも市場を介さないと、リサイクルのシステムが成り立たない。

ゴミをいくら再資源化しても、その資源を買って使ってくれる企業がなければ、その資源はたまる一方であり、ゴミと同じことになってしまう。

ゴミを再資源化した分の費用が無駄にもなる。その費用はもちろん、私たちが払っている税金から支払われることになる。

ここが使える

つまり、**ゴミをいくら再資源化しても、再資源化されたものが市場で取引されるようにならないと、税金の無駄遣いになりかねない**のだ。

これまでも、一部の資源については、リサイクルが市場で成り立っている場合もあった。たとえば、一昔前までは、古紙回収業者が地域を回って、古紙をトイレットペーパーなどと交換していた。なぜそれが可能だったかというと、古紙は利益の出る値段で取引されていたからだ。

しかし、いまは古紙の値段が下がり、古紙回収という商売が成り立たなくなっている。そのため、行政が古紙を回収しているが、そうするとますます古紙の供給が過剰になり、せっかく再資源化しても、ゴミ同然になってしまう。

ここが使える

つまり、**リサイクル市場が安定的に成り立つかどうかが、ゼロ・エミッション（ゴミの出ない）の循環型社会を実現させるためのポイント**だといえるのである。

17 企業の社会的責任

いまの時代、企業の社会的責任ということを考慮せずには、企業経営を行うことは難しくなっている。企業が自己の利益だけを追求していたら、いずれは社会からそっぽを向かれ、持続可能でなくなってしまうからだ。企業は社会のためになってこそ、持続可能になる。こうした企業の社会的責任について、経済学系だけでなく経営学系の学部を志望する受験生も、ある程度の知識をもっておこう。

課題

近年、企業の社会的責任ということがいわれるようになっています。では、これからの企業は、どのような社会的責任を果たしていくべきでしょうか。あなたの意見を600字以内で述べなさい。

課題の解説

企業（会社）は営利団体であり、利潤を追求することを第一の目的としている。しかし、利益を上げることを第一に考えてきたあまり、たとえば環境を破壊するなどの悪い結果をもたらしてきたというのも事実である。

経済発展が重視されていた時代には、社会の側も、そうした企業活動の負の面にはあえて目をつむることが少なくなかった。しかし、いまはもはやそうした時代ではない。企業もまた、社会の構成メンバーとして、社会的な責任を果たすことが求められるようになってきたのだ。

そのため、企業の経営者は、いかに儲けるかだけでなく、社会的な責任をいかに果たすべきかについても考えなければならない。それが、社会や市場などの評価を得ることにもつながるからだ。

そうした背景を踏まえたうえで、今回の課題について考える必要があるだろう。

まず、企業がどういったことに取り組めば、社会的な責任を果たすことになるかを考えてみる必要がある。

企業は以前から、地域の活動にお金を寄付して支援したり、美術館をつくって文化の発展に寄与したりといったことはやってきた。これは、ボランティアではなく、あくまで企業の宣伝になるからだ。

しかし、こうしたことと社会的な責任を果たすこととは区別したほうがいい。

企業には、自社の宣伝になることではなく、私たちの生活の質を向上させたり、生活環境を改善したりすることへの取り組みが求められているからだ。

そうした取り組みとして、すぐに思いつくのは、環境への配慮だろう。

環境への配慮は、ともすると企業にとっては不利益になりかねない。しかし、それをあえて果たすことで社会から評価される、そうした例をあげて、企業が社会的な責任を果たすことのメリットを示すといいだろう。

ほかには、社員のボランティア活動の支援や、女性の就労支援なども考えられる。

こうした取り組みが、企業価値を高めることにつながることを説明するのもいいだろう。

解答例 1

環境保全の取り組みに力を入れるべき

近年、企業には、利益の追求だけでなく、社会的な責任を果たすことが求められるようになってきた。私は、企業は社会的責任を果たすために、環境保全の取り組みに力を入れるべきだと考える。

確かに、これまでのように、地域の行事を資金面で支援するといった社会貢献も大事ではある。そうすることで、地域の福祉の向上になり、地域の人たちとのつながりも深まるだろう。しかし、それだけでは、社会的責任を果たしたことにはならない。

いま企業に求められているのは、環境への配慮である。たとえば、地球温暖化を加速させないために、二酸化炭素の排出を抑える取り組みを積極的に行うべきだ。オフィスでは、日中は余計な電灯をつけない。冷暖房を過度に使用しない。ビルの屋上や敷地の緑化に努める。こうしたことを徹底して行っていけば、二酸化炭素の排出を削減できるだけでなく、省エネによる経費削減にもつながるので、企業にとってもメリットがある。また、社員には、低燃費のエコカーへの乗り換えをすすめるなど、社内だけでなく、社外でも環境への配慮を意識づける。このような取り組みを続けていくことで、社会的責任を果たし、それが企業価値を高めることにもなるはずだ。

以上のように、企業は環境を守ることに力を入れて取り組むべきだと考える。

解答例 2

地域のボランティア活動を支援すべき

近年、社会的な責任を果たすことが企業価値を高めると考えられるようになってきている。私は、社会的責任を果たすために、企業は地域のボランティア活動などを積極的に支援していくべきだと考える。

確かに、環境保全の取り組みなども大切ではある。地球環境を守るという点では、企業こそが環境にできるだけ負荷をかけないようにしながら生産活動を行っていくべきだからだ。しかし、それだけでなく、もっと身近なところでも社会に貢献していくべきだろう。

企業は自社のオフィスや工場のある地域のためになる活動を積極的に行っていくべきだ。たとえば、社員が地域のボランティア活動に参加するのを積極的に後押しするために、社員のボランティア休暇の取得を推奨することなどが考えられる。あるいは、地域のNPO団体などと連携して、会社ごとボランティア活動に参加することもできるだろう。さらには、協力関係にあるNPO団体に必要な機材や人材を無償で貸し出すなどして、支援を行っていくことも考えられる。そうした取り組みが、地域の福祉向上につながれば、地域の人たちから評価され、企業の社会的な価値を高めることにもなるだろう。

以上のように、地域のボランティア活動などを積極的に支援することが、企業の社会的な責任を果たすことになると考える。

理解のポイント

ここが使える

企業とは利益を追求する営利団体

企業（会社）というのは、個人が集まってつくる結社の一種である。そして、その目的はもっぱら営利を目的とした経済活動である。

つまり、**企業は営利団体であり、利益を追求し、利益を出すことで成り立っている。**

経済活動はひとりでもできるが、複数の個人が集まってひとつの組織をつくり、組織として経済活動を行ったほうが、より規模の大きい事業を展開することができる。そして、事業が成功すれば、組織の規模を大きくし、多くの人を雇って、さらに事業を拡大していくことができる。そうなれば、それだけ大きな利益を上げることができる。

現代の資本主義経済は、こうした企業の活動によって成り立っている。

もし企業が事業に失敗して倒産したら、従業員は職を失うことになる。会社の規模が大きくなればなるほど、多くの失業者が出てしまうことになる。

そのため、**経営者は企業を倒産させないように、会社の持続的発展を第一に考えなくてはならない**。ちなみに、経営学というのは、企業を持続的に発展させるにはどうすればいいのかを研究する学問だという側面も大きい。

ここが使える

企業が持続的に発展するために——「企業の社会的責任（CSR）」の考え方

企業が持続的に発展していくには、まず、常に儲けを出さなくてはならない。そのためには、世の中の変化や人々のニーズに応じて、提供する商品やサービスを改良改善したり、新しくしたりしていかなければいけない。

しかし、なかには、儲け主義に走りすぎて、法律で禁止されていることをしたり、産地偽装のように消費者を騙すようなことをして、廃業に追い込まれる企業もある。

ここが使える

会社の持続的発展ということからすると、企業の不正は自分で自分の首を絞める行為であり、経営者としてやってはいけないことだ。

また、企業は利益を追求する営利団体であると同時に、社会の構成メンバーでもある。そのため、社会のためになることにも積極的に取り組んでいく必要がある。そうすることで、その企業は社会の側から高く評価され、それが企業価値を高めることになる。

ここが使える

つまり、企業が社会のためになることに取り組むことも企業の持続的発展につながるのだ。

こうした考え方から出てきたのが、「企業の社会的責任（Corporate Social Responsibility、略してCSR）」という考え方である。社会に必要とされる会社になってこそ、その企業は持続的に発展していけるというわけだ。

社会貢献や環境保全への取り組みは、企業にとってもビジネスチャンスになる

ここが使える

企業が社会的責任を果たすために取り組むべきなのは社会や環境のためになることだ。社会や環境のためになることをすれば、社会の持続的発展につながる。それが企業の持続的発展にもつながるというわけだ。

社会貢献にはさまざまなものがある。

たとえば、企業が属している地域の活動に参加することだ。そうした活動のスポンサーになったり、社員がそうした活動に参加するのを後押ししたりすることで、地域の人たちから信頼される企業になることができる。

また、海外で事業を展開している企業の場合、現地での社会貢献が重要になってくる。

海外でもやはり現地で必要とされる企業になってこそ、事業を持続的に展開していくことができるからだ。

環境分野での取り組みにも、さまざまなものがある。

まずは、商品の製造にあたって有害物質を極力出さないことだ。また、自然環境の保全に努めることも重要である。

さらには、地球温暖化対策として二酸化炭素の排出削減に取り組む必要もある。そのほか、省エネを進めることや、廃棄物の削減とリサイクルに努めるといったことなどもあげられる。

ここが使える

こうした**環境分野での取り組みは、環境にダメージを与えない製品の開発につながり、ビジネスチャンスになる可能性もあるので、企業にとってもメリットがある。**

「コーポレート・ガバナンス」と「誠実なマーケット対応」の重要性

以上のような取り組み以外にも、企業の社会的な価値を高めるものとして、「コーポレート・ガバナンス」「誠実なマーケット対応」「働きやすい労働環境の整備」などがある。

ここが使える

「コーポレート・ガバナンス」は「企業統治」と訳される場合もあるが、要するに社会

に役立つ企業づくりということだ。

世の中には、悪徳業者や不祥事を起こす企業もある。こうした企業は社会からバッシングを受け、存続できなくなってしまう。

そうならないためにも、まずは経営陣や社員に対して「コンプライアンス（法令遵守）」の徹底をはかり、不祥事を起こさないようにする必要がある。

また、社内の不正を見逃さないために、内部告発の窓口を設けるなどの対策も必要だろう。ホームページなどを通じて情報を開示し、経営の透明性をはかる必要もある。

ここが使える

「誠実なマーケット対応」とは、消費者が安心して製品を買ったり、サービスを受けたりできるようにするということだ。

そのためには、まず、製品やサービスの安全性を確保する必要がある。

もし自社製品に不具合が見つかった場合には、その製品を迅速に回収して修理もしくは交換するなどの対応が必要になる。また、消費者からの苦情やクレームには誠実に耳を傾けることも大切である。それが製品の改善やサービスの向上につながるからだ。

さらに、顧客情報の管理なども欠かせない。そのほか、障害者やお年寄りでも使いやすい製品の開発など、消費者が求めている製品やサービスの提供といったことも重要である。

「ブラック企業」をなくすために

もうひとつの、「働きやすい労働環境の整備」とは、社内で働く人たちに働きやすい職場を提供することだ。

社員を劣悪な労働環境で働かせるような企業のことを「ブラック企業」と呼び、最近、社会的に問題視されている。

いくら社会に役立つことをしていても、いったん「ブラック企業」と見なされると、社会からは評価されず、企業イメージは著しく損なわれる。

「働きやすい労働環境の整備」の基本にあるのは、働く人の権利を最大限尊重することだろう。そのうえで、職場からサービス残業の強要やセクハラ、パワハラをなくすといった取り組みが必要になる。

また、雇用の面では、女性や高齢者、障害者などを積極的に採用する、アルバイトや派遣社員を正社員として登用するといったことも重要だろう。

そのほか、長時間労働の禁止や、有給休暇や育児休暇の取得をすすめるなど、社内で働く人たちの生活面を支援することも大切である。

ここが使える

このように**働きやすい職場を提供する努力を常に惜しまない企業は、社会的な評価が上がり、優秀な人材が集まってくるようになるので、企業にとってもプラスになる**のである。

18

組織とマーケティング

経営学系の学部の場合、経済学系の学部同様、経済についての時事的な問題が出ることも多いが、経営学特有のテーマが出題されることもある。そこで、経営学の基本的な概念として、経営管理に関する概念（マネジメント、リーダーシップ）とマーケティングについても一定の理解をもっておくといいだろう。

課題

現代のビジネスでは、マーケティングの重要性がますます高まっています。そのため、マーケティングの失敗は、企業にとって致命的になる場合もあります。マーケティングが失敗するケースとして、どのようなものが考えられますか。また、その場合、どのように改善すればいいのでしょうか。

あなたの考えを600字以内で論じなさい。

課題の解説

マーケティングといえば、たんなる消費者調査や広告・宣伝のことと誤解している人が多いが、実際には、それらも含めて企業の活動の全過程に関わるものだ。

具体的には、消費者のニーズを考え、それに合った商品をつくり、ターゲットとなる消費者に的確に届くように価格設定、流通、広告宣伝などを考えることがマーケティングだ。したがって、これらの過程のどこかで失敗をすれば、マーケティング全体の失敗につながりかねない。

たとえば、消費者のニーズに合わない商品をつくってしまうと、いくら質が高くても、消費者がそれを求めないので意味がない。また、安ければいいわけでもない。商品によっては、ある程度高価なほうが購買意欲をそそる場合もある。

ターゲットを間違えたりあいまいにすることも、致命的な失敗につながりかねない。広告の仕方を間違えて、本来ターゲットにならない層に向けて売り込んでしまう場合もある。明らかに若者向けの商品を、中高年向けの広告で売り込んでしまうケースなどだ。

いずれにせよ、マーケティングにおいて重要なのは消費者の視点になって考えることだ。

かつての経営者は、「商品の質さえよければ、売れるはずだ」という前提に立って考えることが多かった。

もちろんそれも重要だが、いくら質が高くても、消費者が求めていない商品は売れない。企業が売りたいものを売るのではなく、消費者を満足させるために、消費者が何を求めているかを考え、それにふさわしい商品価値を創造し、顧客に提供するのがマーケティングの目的となるわけだ。

その点さえしっかりと押さえていれば、的外れの解答にはならないだろう。

もちろん、どんな失敗例もマーケティングの全過程に関わっていて、厳密には切り離すことはできないが、きちんとポイントを絞って、適切な事例を示すことができれば、十分説得力のある内容になるはずだ。

解答例 1

伝統あるブランドを変化させるべきではない

マーケティングが失敗するケースとして、企業が新しい流行に乗ろうとして、自社の伝統あるブランドを安易に変化させる例があげられる。

確かに、伝統あるブランドがいつまでも強い訴求力をもっているとは限らない。時代に合わせて、少しずつブランドのイメージを変化させていく必要もあるかもしれない。しかし、だからといって、それまでのブランド・イメージをいきなり否定するようなことをするのは危険だろう。

かつて、コカ・コーラ社は、後発のペプシコーラに対抗するために、従来のコーラよりもおいしいコーラを開発して、従来のコーラに替えて売り出した。ところが、これがまったく売れず、あわてて元の味に戻すはめになった。コカ・コーラの愛好者は、味のおいしさよりも、コカ・コーラという伝統的なブランドの慣れ親しんだ味を好んだわけだ。このように、消費者の立場になって、自社のブランドの何が消費者をひきつけてきたのかをよく考えなくてはいけない。

以上のように、企業は安易に流行に乗ってブランド・イメージを壊すのではなく、あくまで伝統あるブランドの強みを活かすことを考えるべきだ。

解答例 2

ターゲットを明確にすべき

マーケティングの失敗例として考えられるのが、商品を届けるターゲットがあいまいだったり、あるいは間違えてしまうことである。

確かに、商品によっては、ターゲットを絞りすぎると市場が限定されて、むしろ顧客を逃す恐れもある。誰もが買いたくなるような商品をつくることが理想なのは間違いない。しかし、ほとんどの場合、ターゲットを明確にしなければ、商品は売れないのが現状だ。

たとえば、先年、サントリーがベテランのロックバンド、ザ・ローリング・ストーンズとタイアップして、柑橘系の香りがする発泡酒などを売り出したが、一年ももたずに撤退したことがある。ビール離れの進む若者をターゲットにした商品だったが、ストーンズを知らない若者世代には結局、浸透しなかった。逆に、ストーンズのファンである中高年世代にとっても、若者向けの発泡酒は、あまり魅力のない商品だったに違いない。「ロック＝若者」という安易な連想で、ターゲットを誤ったとしかいいようがない事例だ。ターゲットを絞り込むことに失敗すれば、たとえ商品自体に魅力があっても、それが消費者に届かず、売り上げにはつながらない。

このように、ターゲットを間違えないことが、マーケティングにおいては重要だ。

組織とマーケティング

理解のポイント

経済学と経営学の違いは？

経済学と経営学は混同されることも多いが、両者は学問的な狙いが根本的に違っている。

経済学とは、「1 市場と競争」の項目でも述べたように、「限りある資源をできるだけ社会全体の利益になるように効率的に配分するにはどうすればいいのか」を考える学問だ。その中では、企業の活動は、あくまでも要素のひとつにすぎない。

ここが使える

一方、**経営学とは、経済の動きの中で、企業が最大限の利益を上げるにはどうすればいいかを考える学問**だ。

ここが使える

簡単にいえば、**経済学が「社会全体にとっての損得」を考えるのに対して、経営学はあくまでも「個々の企業にとっての損得」を考える点に決定的な違いがある。**

「マネジメント」と「リスク・マネジメント」の考え方

企業にとって最大限の利益を上げるためには、企業という組織をできるだけ効率的に運営しなくてはならない。

その際、鍵となるのが「マネジメント」の考え方だ。

マネジメントにおいては、組織の目的を達成するために、どのように組織を管理し、維持・発展させるかが問題となる。つまり、

ここが使える

ヒト・モノ・カネ・情報をいかに有効に使って組織を経営できるかが、マネジメントの重要な課題となるわけだ。

その際、具体的にポイントになってくるのが、「目標の明確化」「人材の適切な配置」「進捗状況の把握」「情報の収集」などであり、これらはいずれも「決められた目標をいかに効率的に達成できるか」という手段に関わる問題だ。

とくに近年重視されているのが、「リスク・マネジメント」の考え方である。

ここが使える

さまざまなリスクの発生をあらかじめ予測し、なぜそれらが起こるかを分析したうえで、そうしたリスクをできるだけ避けたり低下させるのがリスク・マネジメントの目的だ。たんにリスクを未然に防ぐのではなく、問題が起こったときにも損失を最小限に抑え、それ

以上悪影響が及ばないようにすることも、リスク・マネジメントの目的のひとつである。

２００６年の新会社法によって、すべての企業がリスク・マネジメントの体制を整備することが義務付けられたため、リスク・マネジメントの重要性はかつてなく高まっている。

ちなみに、経営学の父、ピーター・ドラッカーによれば、マネジメントの考え方は企業にかぎらず、社会を構成する組織全般（政府やＮＰＯなど）にとっても、または一個人が自分のキャリアを成功させるためにも重要なものである。

「リーダーシップ」と「マネジメント」の違い

一方、「マネジメント」と混同されやすい概念に、「リーダーシップ」がある。

リーダーシップ論そのものは、経営学より古い歴史がある。

しかし、経営学におけるリーダーシップというのは、組織の理念や方向をはっきりさせ、それに向けてメンバーにモチベーションを与えるためのものだ。

ここが使える

マネジメントが手段の問題であるのに対し、リーダーシップは理念や結果に関わる問題といえるかもしれない。

注意してほしいのは、リーダーシップというのは、必ずしも特定の個人の能力のことではないという点だ。

ある組織においてはリーダーとして優秀な人でも、別の組織ではリーダーの役割をまったく果たせないといったことは、しばしば起こる。つまり、リーダーシップとは集団のもつ機能であって、有効なリーダーシップのあり方は、組織の置かれた状況に応じて変わるわけだ。

ただし、以上のような違いはあくまでも定義上のものであって、実際には、「マネジメント」と「リーダーシップ」を厳密に区別することはできないだろう。

組織の管理においては、しばしば狭い意味でのマネジメントばかりが重視される一方、リーダーシップは個人の能力の問題として処理されることが多い。

ここが使える

マネジメントとリーダーシップは、どちらが欠けても組織を維持できないという意味で、重要な役割を担っている。その点を忘れてはいけない。

マーケティングの意味

経営学においてもうひとつ鍵となるのが「マーケティング」の考え方だ。

簡単にいうと、**マーケティングとは「消費者のニーズに合った商品やサービスをつくり、**

ここが使える

それを効果的に消費者に届けるための活動」ということになる。

マーケティングのことをたんなる消費者調査だと誤解したり、広告・宣伝や販売促進活動だけをマーケティングだと思い込んでいる人も多いが、どちらもマーケティングの一部分しか捉えていない。

実際には、**マーケティングは、企画、生産、流通、価格の決定、広告といった企業の活動のあらゆるプロセスに関わるもの**だ。したがって、**マーケティング部門などの特定の部門ではなく、組織に関わるすべての人間がマーケティングを意識する必要がある。**

また、マーケティングは企業だけのものではない。行政機関が何らかのキャンペーンをしたり、大学が受験生を集めるために行うことも、マーケティング活動の一環だ。

マーケティングの考え方を理解するうえで重要なのは、「外から内へ」という視点だ。

つまり、**あくまでも消費者（顧客）の視点に立ち、消費者を満足させるような商品価値を創造し、提供するのが、マーケティングの役割**である。

そのため、顧客価値を第一に考え、そこから逆算して商品をつくり、その商品がターゲットとする顧客に効果的に届くように流通・価格設定・広告宣伝などを考える。

マーケティングを失敗すると、どれだけ質の高い魅力的な商品であっても、そもそも消費者に届かないまま終わってしまう。逆に、マーケティングに成功すれば、ありきたりな商品でも売れる可能性があるわけだ。

さらに、現代では、グローバル化や情報化のために消費者の好みも多様化しているので、市場が細分化され、ターゲットの絞り込みが難しくなっている面もある。かつてのようなマス・マーケティング（ターゲットを特定せず、画一的な手法で行うマーケティング）ではもはや通用しなくなっているともいえる。

このように、マーケティングのあり方にも、現代社会の変化が大きく反映している点を忘れてはいけない。

特別付録

これだけは押さえておきたい経済系小論文の基本用語集

最後に、経済系の小論文試験の課題文を理解したり、答案を書くために必要な、ぜひ覚えておきたい重要な用語をピックアップして、簡単に解説しておきます。

第2部「書くネタ」編の「課題の解説」や「理解のポイント」の中に出てくる重要なワードも含めています。

知識を整理するために、大いに活用してください。

【アベノミクス】

2012年、安倍晋三政権がデフレ不況から脱却するために打ち出した一連の経済政策のこと。「大胆な金融緩和」「機動的な財政出動」「民間投資を喚起する成長戦略」を3つの基本方針とする。

具体的には、大規模な公共投資や、無制限の金融緩和による2パーセントのインフレ・ターゲット政策などを行う。また、成長戦略を実現するために、TPPへの参加を視野に入れている。

【インセンティブ】

人に特定の行動をさせるには、それを引き出すための動機付けが必要となる。それを、経済学では「インセンティブ」と呼ぶ。

たとえば、空き缶を回収ボックスに入れるとお金が返ってくるデポジット制度も、ゴミ収集を有料化するのも、どちらもなるべく人にゴミを捨てないようにさせるためのインセンティブである。人はインセンティブで動くとみなし、それにもとづいて経済行動を分析するのが、古典的な経済学の考え方である。

【インフレ・ターゲット政策】

経済を安定成長させるために、2～3パーセント程度のゆるやかなインフレ（物価の持続的な上昇）を意図的に起こして物価を安定的に上昇させるという政策。「インフレ目標政策」ともいう。

1990年代以降、主要先進国が積極的に取り入れてきたが、2012年、日本でも安倍政権によって本格的に取り入れられた。

しかし、その効果には疑問の声も上がっている。

【ガラパゴス化】

日本には国内に巨大な市場があるため、日本企業は国内の消費者の好みや特殊な規制に合わせて独自な商品開発を進めてきた。そのため、海外のニーズに対応できず、海外での競争力を失ってしまっている。

このように、グローバル化に取り残された日本企業の現状を、閉鎖的な環境の中で特殊な進化を遂げたガラパゴス諸島の生物になぞらえて「ガラパゴス化」と呼ぶ。

【規制緩和】

民間企業が自由に経済活動をできるように、政府によるさまざまな規制をできるだけなくそうとすること。

たとえば、新規参入に関する規制をなくすと、新しい企業が市場に参入しやすくなり、競争が活発になって、経済が活性化する。

日本では、2000年代に小泉政権が掲げた「聖域なき構造改革」に伴って、規制緩和の必要性が声高に叫ばれるようになった。

【金融政策】

景気を安定させるために、社会に流通するお金（現金と預金を含む）の量を調整すること。中央銀行（日本では日本銀行）の重要な役割のひとつ。

デフレから脱け出すためにお金の量を増やす「金融緩和」と、インフレを抑えるためにお金の量を減らす「金融引き締め」がある。

【公共事業】

道路や公共施設の建設など、民間企業にまかせられない大規模な事業は、国や地方自治体が税金を使って行うしかない。これを「公共事業」という。

景気が低迷しているときに、民間の需要を刺激して経済を活性化させるための景気対策としても、しばしば行われる。

しかし、その一方で、無駄な公共事業の拡大が財政赤字を膨張させるとして、批判の声も多い。

【コーポレート・ガバナンス】

企業の経営陣が暴走して、利害関係者に不利益をもたらさないように、企業の経営を外部から管理・監督する仕組みのこと。「企業統治」ともいう。

「株主や投資家が、自分たちの利益が損なわれないように外部から企業を監視する」という側面と、「企業が不正を行って社会的な不利益をもたらさないように、社会規範を守らせる」という側面の両方がある。

【再生可能エネルギー】

太陽光、風力、水力、地熱など、自然の力によって再生が可能なエネルギーの総称。福島第一原発事故によって、原子力発電の安全性が疑問視され、それに代わる新たなエネルギーとして注目を浴びている。

ただし、安定供給が難しく、主要エネルギーとして原子力や火力に取って代わることは難しいともいわれている。

【財政政策】

中央銀行が行う金融政策に対して、国が行う景気政策のこと。主なものとして、「公共投資の拡大」と「減税」がある。

しかし、これらはいずれも一時的な効果しかなく、財政赤字を膨張させるという大きな弊害もある。そのため、近年は、景気対策としては金融政策が優先されるようになってきている。

【CSR（企業の社会的責任）】

現代の企業は、利益を追求するだけでなく、消費者や投資家、地域社会、そして社会全体を含む多様な利害関係者に対して責任を果たすべきだとされる。そうしてこそ、企業の持続的な発展も可能になると考えられている。

そうした考え方を「CSR（Corporate Social Responsibility）」と呼ぶ。たんなる慈善事業のことではなく、代表的な例として環境への配慮や地域社会への貢献などがあげられる。

【GDP（国内総生産）】

ある国の人々が一年間の経済活動によって生み出した付加価値（売り上げから原材料費を差し引いたもの）の合計。これは同時に、その国の人々が一年間に得た所得の総計（国民総所得）とも一致する。

GDPが前年度に比べてどのくらい伸びてい

るかによって、その国の経済成長率が測られ、それが景気の良し悪しの判断の基準となる。

【市場原理主義】

市場の自由な競争にまかせておけば、需要と供給が均衡して、おのずと資源の最も効率的な配分が行われるとする考え方。そのため、政府はできるだけ市場に介入せず、民間企業の自由な競争に経済を委ねるべきだとされる。

昨今よくいわれる「新自由主義」というのは、この考え方が、20世紀後半になって、福祉国家（大きな政府）の考え方に対する批判として再登場したものである。

【市場の失敗】

いくつかの条件が満たされない場合、市場原理は必ずしも理想的には働かない。これを「市場の失敗」という。

「企業の利益にならないために、道路などの公共財がまともにつくられない」「コストがかかるために有害物質が垂れ流しにされて公害が発生する」といったことが代表例としてあげられる。

それを補い、市場原理をうまく働かせるようにするのが、経済における政府の役割ともされている。

【自由貿易】

各国が自国の得意な商品の生産に特化し、不足分をお互いに輸入し合うようにすれば、お互いが得をするだけでなく、世界全体の生産力が向上する。そのためには、できるだけ規制をなくして、各国間で自由に貿易ができるようにする必要がある。それが「自由貿易」の考え方である。

一方、自国の産業を保護するために、関税（輸入品にかかる税金）などのさまざまな規制をかける貿易のやり方を「保護貿易」という。

【循環型社会】

モノをできるだけゴミとして捨てずに、資源として再利用していく社会のあり方。究極的には、ゴミをゼロにする「ゼロ・エミッション」の状態が理想とされる。

その背景には、近代の大量生産・大量消費社会が、天然資源を無尽蔵なものとみなして自然環境を破壊してきたことに対する反省がある。

循環型社会の実現のためには、３Ｒ（リデュース、リユース、リサイクル）をいかに経済活動の中に組み込めるかが重要になる。

【所得再分配】

政府が人々の所得の一部を税金として回収し、それを貧しい人にも公平に行き渡るように再分配すること。

市場によって効率的な資源配分が実現しても、それで得られた富は、すべての人々に公平に分配されるわけではない。そこで、所得の再分配も政府の重要な役割のひとつとされている。

しかし、行き過ぎると人々の競争意欲を削いで、経済活動を停滞させる原因にもなりかねないので、効率性と公平性をバランスよく両立させる必要がある。

【世代間格差】

日本の年金制度は、現役世代が支払う保険料が高齢者に年金として回される「賦課方式」をとっている。

そのため、少子高齢化が進んで生産年齢人口が減るにつれ、現役世代は保険料の負担が増える一方で、自分たちが受けられる年金の額はどんどん減っていく。

このように、世代によって年金などの負担額と受給額のギャップが異なるために生じる格差を「世代間格差」という。

世代間格差が広がれば、現役世代の不公平感が高まって、社会保障制度そのものが成り立たなくなる恐れがある。

【多国籍企業】

複数の国にまたがって活動している企業のこと。

グローバル化が進むと、国境を越えて活動する大企業が増える。そうした企業の存在が、経済のグローバル化をさらにいっそう加速させている。

ただし、多国籍企業の多くは、コストの安い途上国で生産したものを、先進国で売って高い利益を得ている。そうした仕組みが、先進国と途上国の経済格差をさらに拡大しているという批判もある。

【男女雇用機会均等法】

雇用における男女差別をなくすために、1985年に成立した法律。

この法律によって、女性が男性と同じ条件で働けるようになった。妊娠や出産などを理由とした不当な扱いが禁止されたために、女性も家庭と仕事を両立しやすくなり、女性の社会進出が促進された。

ただし、いまだにこの法律の理念が十分に実現されていない企業も少なくない。

【地方交付税】

税収の少ない地域でも一定の行政サービスを提供できるように、国が国税の中から地方自治体に交付するもの。国庫支出金と違って、自治体が独自の判断で自由に使ってよいことになっている。

そのため、無駄な公共事業に使われて、財政赤字を増やすだけになっているケースも多い。

また、この制度があるために、地方が中央政府への依存度を高めてしまい、なかなか自立できないという批判もある。

【TPP】

「環太平洋戦略的経済連携協定（Trans-Pacific Partnership）」の略称。アメリカを中心とした環太平洋諸国の間で、関税やさまざまな規制を撤廃して、貿易を全面的に自由化しようとする国際協定である。

日本のTPPへの参加をめぐっては、「海外から安い農産物が入ってきて、日本の農業が壊滅的な打撃を受ける」などの反対論が展開されているが、2010年の菅政権以降、政府はTPP参加に積極的な姿勢を見せている。

【デフレ不況】

デフレ（デフレーション）とは、物価が持続的に下落する現象のこと。需要が供給を下回ることで生じる。

物価が下がると企業の利益が減るので、賃金を下げたり従業員を解雇したりせざるを得なくなる。そのため、ますます商品が売れなくなり、経済活動が停滞する。

デフレが原因で起こる不況を「デフレ不況」という。

1990年代以降の日本経済の長期低迷は、デフレ不況とされ、デフレからいかに脱却するかが日本経済を再活性化する鍵だといわれている。

【日本的経営】

「終身雇用制」「年功序列賃金制」「企業別組合」の3つを特徴とする企業経営の形態。「日本型経営」ともいう。

社員は新卒で就職した会社に定年まで勤め上げ、会社は定年までその社員の面倒を見ることで、社員の忠誠心を引き出す仕組みになっている。

特定の職務に専念させるのではなく、さまざまな職務を経験させながら社員を熟練させていくのも特徴のひとつ。

【バブル景気、バブル崩壊】

1980年代後半、日本では土地の価格と株価が急激に上がり、それが空前の投機ブームと消費ブームを呼んだ。

インフレを恐れた日本銀行が1990年に金融引き締めを行ったために、この好景気は急速に終わりを迎えたが、この現象が、実体のない泡が膨れて弾けるさまになぞらえて「バブル景気」「バブル崩壊」と呼ばれた。

バブル崩壊以降、日本経済は長い低迷期に陥ることになる。

【非正規雇用】

「正規雇用」の対義語で、臨時的な雇用形態のこと。アルバイト、パートタイマー、派遣社員、契約社員などの雇用をいう。

賃金が安くて身分保障がなく、解雇しやすいのが特徴。

1990年代以降、派遣労働の規制緩和に伴って急速に増加し、いまでは全労働者の3分の1を超えるまでになっている。正社員との収入格差が問題になっている。

【ブロック経済】

1930年代、世界恐慌の影響を避けるために、イギリス、アメリカなどの強国は同盟国や植民地と排他的な経済圏をつくって、他国を市場から締め出した。そうした閉鎖的な経済圏のことを「ブロック経済」と呼ぶ。

ブロック経済が列強の対立を深め、第二次世界大戦の引き金になったといわれている。

その反省から、戦後は自由貿易体制が国際的に推進されてきたが、近年、EUやASEANなどの自由貿易圏が分立している状況は、ブロック経済の再来とも見られている。

【メインバンク制】

企業が主にひとつの銀行（メインバンク）に限って取引を行う慣行のこと。

戦後の日本では、メインバンクが企業を全面的に支援し、それによって企業は資金難に陥ることなく、長期的な視野に立った経営が可能になっていた。

しかし、1990年代の金融自由化によって、大企業は株式や社債による資金調達が容易になったため、メインバンクの支えを必要としなくなった。

その一方で、資金調達の困難な中小企業の間では、いまだにメインバンク制が根強く残っている。

【ワークシェアリング】

従業員ひとりあたりの労働時間を減らすことで、できるだけ雇用を増やそうという方法。

ヨーロッパでは、雇用をつくり出して失業者を減らす方策として広く定着していて、近年、日本でも導入を検討する企業が増えている。

しかし、それを実現するには正社員の賃金カットが条件となるため、正社員の権利が強い日本では、なかなか受け入れられていないのが現状だ。

【著者紹介】
樋口裕一（ひぐち　ゆういち）
1951年大分県生まれ。早稲田大学第一文学部卒業。多摩大学名誉教授。小学生から社会人までを対象にした通信添削による作文・小論文の専門塾「白藍塾」塾長。
著書に250万部のベストセラーになった『頭がいい人、悪い人の話し方』（PHP新書）のほか、『小論文これだけ！』（東洋経済新報社）、『読むだけ小論文』（学研）、『ぶっつけ小論文』（文英堂）、『ホンモノの文章力』（集英社新書）、『人の心を動かす文章術』（草思社）、『音楽で人は輝く』（集英社新書）、『65歳 何もしない勇気』（幻冬舎）など多数

大原理志（おおはら　まさし）
白藍塾講師。1966年高知県生まれ。広島大学総合科学部卒業後、立教大学大学院文学研究科博士課程後期満期退学。著書に『まるまる使える小論文必携』（桐原書店）、主な共著に『小論文これだけ！教育超基礎編』『小論文これだけ！教育深掘り編』『小論文これだけ！模範解答　超基礎編』（以上、東洋経済新報社）などがある。

山口雅敏（やまぐち　まさとし）
白藍塾講師。中央大学・法政大学・日本工業大学・昭和女子大学非常勤講師。1967年群馬県生まれ。中央大学文学部仏文学科卒業後、中央大学大学院文学科博士前期課程満期退学。主な共著に『小論文これだけ！法深掘り編』（東洋経済新報社）、『新「型」書き小論文　総合編』（学研）がある。

〈白藍塾問い合わせ先＆資料請求先〉
〒161-0033
東京都新宿区下落合1-5-18-208
白藍塾総合情報室（03-3369-1179）
https://hakuranjuku.co.jp
お電話での資料のお求めは
0120-890-195

小論文これだけ！経済深掘り編

2013年8月8日　第1刷発行
2024年2月5日　第6刷発行

著　者——樋口裕一／大原理志／山口雅敏
発行者——田北浩章
発行所——東洋経済新報社
〒103-8345　東京都中央区日本橋本石町 1-2-1
電話＝東洋経済コールセンター　03(6386)1040
https://toyokeizai.net/

装　丁…………豊島昭市〔テンフォーティ〕
ＤＴＰ…………アイランドコレクション
印　刷…………港北メディアサービス
製　本…………大口製本印刷
編集担当………中里有吾

　ISBN 978-4-492-04500-8